青森からはばたく!!
じょっぱり起業家群像Ⅰ

森樹男・髙島克史・大倉邦夫・熊田憲　編著

弘前大学出版会

は じ め に

　人口減少・少子高齢化・第一次産業を中心とした後継者不足・青森県の魅力発信力の弱さなど青森県をめぐる課題は多く深刻である。ただそれと同時に，青森県にはまだまだ私たちが気づいていないだけの希望の種が無限に潜んでいる。本書は，青森県が抱える課題解決に取り組む一方で，この希望の種を育み青森県に新しい希望と魅力を届けようとしているじょっぱり起業家の姿とその声を，起業を目指している方や起業を支援する方々，青森県の将来を担う大学生をはじめとした多くの人々に届けるものである。

本書のねらい

　本書は，起業を志している方や専門であれ教養としてであれ経営学を学ぶ大学生を主な読者としている。そういった読者に対して，「青森県で活躍している起業家の思考様式に触れること」と「自らのキャリアを深く考える契機を提供すること」が本書のねらいである。

　私たちは，青森県で創業し，青森県の魅力を県内外で積極的に発信することで，地域が抱える課題をビジネスの手法を用いて解決している起業家がいることを多くの人に知ってもらいたいと考えている。青森県にはそれぞれの地域や市町村において独自の価値や魅力がある。ただ，その価値や魅力を発信し，誘客や経済効果につなげることについては改善の余地が大きい。これは青森県のみならず多くの地方が抱える課題でもある。このような課題に対して，起業家は何を見て，何を考え，どのような行動をしてきたのか，読者には当事者が発した生の声から学んでほしい。

　本書で紹介している5人の起業家の話を読んで「へぇすごいなぁ」と感じて終わってほしくない。本書は単なる起業家の成功物語をまとめたものではない。単なる成功物語として読んでしまうと，興ざめしてしまったり，「やっぱり起業家はどこか特別な人」と考えて終わってしまうであろう。そうでは

なく，読者自身も起業家になりきって読んでほしい。「自分だったら，課題に直面したら何をするか」「自分だったら，どこにビジネスチャンスを見出すか」などといったように「自分だったら～」と頭の中で繰り返しながら読んでほしい。起業家になりきって読むことで，起業家の脱常識的思考や論理的思考を体感でき，さらには自分自身の特長や思考の癖などがわかってくるはずである。それがわかれば，それを活かしてあるいは改善することで，自分には何ができるのか具体的にイメージすることができるようになる。結果として，自分自身のキャリアを考えることができるはずである。

本書が想定している読者

　本書は次のような方にぜひとも手に取ってもらいたい。

　まずは，青森県内で起業を目指している方である。本書で紹介した起業家は，青森県を愛し，青森県の課題を解決しつつ，青森県に新たな魅力や希望をもたらしている。ぜひとも本書で紹介している起業家をロールモデルとして，自らの起業に役立ててほしい。

　次に，大学生諸君である。本書を手に取っている時点で起業を考えている方は少ないかもしれない。むしろ，将来は地元で公務員となることを検討(決心)していたり，地元企業に勤めることを望んでいる方が多いかもしれない。だからこそ，「起業家的素養」が不可欠だと声を大にして言いたい。

　本書の大学生諸君に対する基本的メッセージの1つは「起業家になりなさい」ということではない。人口減少・少子高齢化・後継者不足といった地域が抱える課題は，これまでに私たちが直面したことがない課題である。こういった課題を解決するために，地元の自治体や地元企業で働くことは素晴らしいことである。ただ，答えのない課題を解決するためには，脱常識的思考や革新的な思考といった起業家的素養が欠かせない。起業家という言葉があるために，どうしても公務員や地元企業の一員として働こうと考えている方には不要なものと思われるかもしれない。しかし，言葉だけを見て判断せずにぜひともこの言葉が意味することを，事例を通じて読み取ってほしい。そうすれば，なぜ起業家にならないにもかかわらず，起業家的素養が不可欠と

言われているかが理解できるはずである。

このほかにも，起業支援に携わる方にもぜひ手に取ってもらいたい。本書を読めば，起業家はいつどのような場面で生まれるのか，どのような課題に直面し，それをどのように解決しているのかリアリティをもって理解することができる。起業家によって成長プロセスや直面する課題は多様である。紋切り型の支援から脱して，カスタマイズした支援の在り方も模索する機会としてほしい。

本書の構成

本書は，次のような2部構成からなっている。第1部では，本書を読み解くために必要となる基礎的な知識や概念を解説している。第2部は，2016年度弘前大学人文社会科学部において開講された「ベンチャービジネス論」の講演をもとに，青森県内で起業し，青森県内外で活躍している起業家のキャリアや考え方について纏めたものである。

第1部と第2部はそれぞれ独立した構成となっている。読者はそれぞれ各自の関心に応じて全体を通読してほしい。ベンチャービジネスについて実践的関心がある人は，第2部を起業家になりきって読んでみてほしい。そのあと，事例を通じて得た知識や自らの考えを整理するために第1部を活用してほしい。もちろん，事例の中で紹介されている起業家の思考や行動すべてが理論的に説明のつくものばかりではない。いうまでもなくそういった点こそが，起業家の脱常識的思考や特長の現れであり，新たに学ぶべき点である。

他方，ベンチャービジネスについて理論的関心がある人は，第1部で理論的知識を得てから第2部へと順番に読み進めてほしい。ベンチャービジネスに関する概念や知識を知っているだけではもったいない。読者には「論語読みの論語知らず」にならないよう，第1部から第2部へと読み進め実践的理論習得への第1歩としてほしい。

最後に，本書を取りまとめるにあたっては思いのほか時間を要したため，予定から大幅に遅れてしまった。弘前大学出版会の足達薫編集長をはじめ澤

iv　　はじめに

田真一先生には本書が完成するまで辛抱強く見守っていただいた。出版会の
皆様にはお詫びを申し上げるとともに心から感謝の意を示したい。

　　2019 年 9 月

　　　　　　　　　　　　　　　　　　　　　　　　編者を代表して
　　　　　　　　　　　　　　　　　　　　　　　　髙 島 克 史

目　　次

はじめに

第1部　本書を読み解くための主要概念の説明

第1章　じょっぱり起業家とは　（1）

第2章　起業家行動　（4）

第3章　地域の課題と社会的企業家
　　　　—社会的課題をビジネスの手法で解決する—　（11）

第4章　地域イノベーション　（17）

第2部　青森で輝くじょっぱり起業家　講演編

第1章　人と地域がつながるコミュニティビジネス
　　　　企業組合でる・それ　辻 悦子氏　（27）

第2章　地域で経営すること
　　　　集会所 indriya　大西 晶子氏　（47）

第3章　弘前市民球団　弘前アレッズの役割
　　　　弘前アレッズ球団　久保 良太氏　（66）

第4章　地域人材育成を推進する NPO の設立
　　　　プラットフォームあおもり　米田 大吉氏　（89）

第5章　地域で始める IT ビジネス
　　　　株式会社コンシス　大浦 雅勝氏　（110）

第 1 部

本書を読み解くための
主要概念の説明

第1章　じょっぱり起業家とは

森　樹男

　近年，青森県から大きな発信力を携えて活躍する起業家が増えている。彼らに共通する特徴は，地域の資源や魅力を新しい視点で発掘し，それらを磨き上げ，国内外の消費者に届けるための事業を起こし，ビジネスとして収益に繋げている点である。私たちは，こうした起業家を「じょっぱり起業家」と呼ぶこととした。

　「じょっぱり」とは津軽弁で強情っ張りという意味を持つ方言である。強情っ張りというと，『デジタル大辞泉』（小学館）をみると「自分の考えを強く主張して他人の意見を聞き入れないこと」とあり，あまり良い意味ではない。しかし，別の見方をすると，ものごとにこだわりを持ち，自分の思いを強く主張しているとも言え，必ずしも悪い意味ではないと捉えることもできる。そこで私たちは「じょっぱり」を肯定的に捉え，これこそ起業家に必要な要素であるという考えから，青森県で活躍する起業家を「じょっぱり起業家」と名付けることとした。すなわち，「じょっぱり起業家」とは「青森県を愛し，青森県のものにこだわり，それを粘り強く国内外に発信する起業家」ということになる。

　ではなぜ私たちは「じょっぱり起業家」に注目するのか。それは，弘前市や青森県の地域を活性化するためには起業家意識の醸成や起業家育成が必要であり，そのために地域に適合した起業家モデルを提示することが必要だと考えているからである。

　このような考え方は地域の自治体も同じで，青森県や弘前市も起業家育成に積極的に取り組んでいる。例えば，私たちが住んでいる弘前市をみてみたい。『弘前市経営計画』では，創業・起業支援が施策の1つとしてあがっており，創業・起業支援拠点として「ひろさきビジネス支援センター」が設立されたことや，センターへの相談件数が記載されている。それによるとセンターへ

の相談件数は，2014 年 135 件，2015 年 135 件，2016 年 150 件となっている。また，創業・起業件数は，2015 年 22 件，2016 年 20 件となっている。このことから，弘前市は起業家育成の取組を推進しており，市民の創業・起業への関心は高いということができる。しかしながら，その成果は限定的なものに留まっているともいえよう。

　一方で，2014 年度の「市内大学生の県内就職率」は 36.7% に留まっており，大学生の県外就職者が半数以上となっている。人手不足を背景に県内の有効求人倍率は高いものの，希望する職種が身近になく，県外，特に首都圏に仕事を求めて出て行く動きが止まらない。若者の県外流出も地域にとっては大きな課題になっており，この状況を改善するために企業誘致という方法が取られたりするが，魅力的な企業を誘致するのは並大抵のことではない。そこで，地域で魅力的な仕事を作ることを考えた場合，起業が 1 つの方法として注目されているといえよう。

　このような背景のもと，弘前大学では地域における起業意識の醸成や起業家育成を推進するために起業家を育成するカリキュラムを設置したり，起業家育成に関わる公開講座を開講したりして，学生や社会人を対象とした体系的な起業家教育に取り組むようになった。起業家に関わる体系的な教育を実施することで，経営的素養を持った力のある起業家人材を育成し，地域に貢献できる起業を増やし，地域の活性化につなげたいと考えている。とはいうものの，ただ起業のための方法を説明する授業を行ったり，起業したい人だけを集めてセミナーを行っても効果は限られているといえよう。そこで私たちは，起業家意識の醸成を行うための第 1 歩として，起業や起業家のイメージを持ってもらうことが必要であると考え，「じょっぱり起業家」という起業家モデルを提示し，起業家意識の醸成や起業家育成を行うこととしたのである。

　では，具体的には，どのような起業家を「じょっぱり起業家」とするのか。その具体的な「じょっぱり起業家」のモデルが必要だろう。本書は，その様なじょっぱり起業家を紹介するものである。

　本書では 5 名のじょっぱり起業家を紹介している。しかし，じょっぱり起

業家はこの5名に留まらない。ほんの一握りの方を紹介したにすぎない。

　彼らの活動は多岐にわたるが，共通していることは，青森という地域から国内外に強く魅力を発信し，地域に経済的に還元できる活動を行っているということである。地方創生にはこうした起業家人材が必要である。私たちは，彼ら彼女らのような「じょっぱり起業家」を地域が目指す起業モデルとして捉えたい。彼ら，彼女らに続く起業家がどんどん出てくることが地域を元気にすると思われる。

第2章	起業家行動
	髙島 克史

読者は「起業家」と聞くとどのようなイメージを持っているであろうか。まずは，以下の2点について，一度ここで立ち止まって想像してみてほしい。

①起業家とはどんな人なのか
②起業家特有の行動とは何か

　起業家と聞いて，どういったイメージを持っただろうか。例えば，必ずしも成功が保証されているわけではないリスクある状況に対しても，臆することなく果敢に挑戦するような勇気やチャレンジ精神をもった人であろうか。あるいは，先天的な才覚を有していることから，リスクばかりがあるような状況でも，何をどうすれば成功につながるのかわかるような洞察力と先見性に富んだ人であろうか。あるいは，どんな困難にもくじけず，諦めることなく，成功するまで取り組み続けるようなやる気と忍耐力に満ち溢れた人であろうか。

　次に，起業家特有の行動について，どのようなイメージを持ったであろうか。緻密な業界・市場分析に基づき誰しもが気づかなかったようなビジネスチャンスの発見，業界の将来性を見通した斬新なビジネスアイデアの創造，支援者から潤沢な経営資源を調達，オリジナルのセンスを活かして斬新な製品を開発，事業計画通りに成長し目標通りの経済的な成果を達成，社会をより良くしているなど，こちらも多様なイメージを持ったのではないだろうか。

　起業家を取り上げた評伝書やテレビ番組などをみれば，起業家は必ずと言っていいほど，想定もしていなかった困難に直面する。しかし，その困難な状況にも諦めることなく取り組み，最後は課題を解決して成功をおさめているシーンが流れる。特に，テレビ番組では背後で流れている音楽やナレーションの影響もあってか，このような状況がドラマチックに放映される。こ

第2章　起業家行動　　*5*

のような情報に接することで，「起業家は，どんな困難にも諦めずに最後ま
で挑戦し続けるような人」「常人離れした忍耐力」「将来を見通す洞察力や先
見性をもった稀有な人」といった印象を抱くかもしれない。このような印象
がひいては，起業家とはどこかで選ばれた特別な人たちだけがなることがで
きるものと思わせてしまう。

　結論を先取りすれば，起業家は先天的な才能を持った一握りの人に開かれ
た特別な存在ではない。本書で紹介されるじょっぱり起業家を見るとわかる
が，起業すべくして起業したという人ばかりではない。むしろ，起業はおろ
かビジネスからも縁遠い世界で働いていた人もいる。ある起業家は「自分が
起業するなんて全く想像もしていなかった」と語っていたほどである。また，
起業家としてのトレーニングを積んだ人や大学で経営学を専門的に学んだと
いう人もほとんどいない。

　本章では，事前に起業のためのトレーニングを積んでいたわけでもなく，
経営学について専門的な知識を有していたわけでもない人たちが，なぜ起業
家となりえたのか，そして青森県が抱える地域課題解決のために欠かすこと
のできない存在となりえたのか，理解するための手引きを提供する。具体的
には，経営学者サラスバシー (2008) によって発見された，起業の熟達者 (エ
キスパート) がとる「手中の鳥」「許容可能な損失」「クレイジーキルト」「レ
モネード」「飛行機の中のパイロット」という 5 つの行動原則を紹介していく。
それによって，「起業家は先天的な才能を持った一握りの人に開かれた特別
な存在ではない」ことが少しは理解できるはずである。また本書で紹介され
る起業家は，様々な場面で以下の原則に基づいた行動が影響していることが
分かってくるはずである。

1.「手中の鳥」の原則

　一般に，マーケティング分析や事業計画や新しいアイデアを考える場合，
まずは目的を設定することからスタートする。そのうえで，具体的にどのよ
うな結果を得るために，現状分析をもとに「何をすべきか」を考える。すな

わち，まずは目的を明確にしたうえで，目的達成のためにどのような手段や判断が適当であるか考えるという手順を踏む。つまり，一般的な考え方によれば「特定の結果を生み出すために，選択肢の中から手段を選ぶこと」が求められる（サラスバシー，訳書 p96）。

　他方，「手中の鳥」の原則では，手段からスタートして，新しい結果を創造すると考える。すなわち熟達した起業家は「起業家自身」「起業家が持つ知識や経験」「起業家がもつ人脈」といった手段を使って新しいことを創造しようと考えて行動する。そのため「自分が利用できる手段を使えば何ができるのか」を問う。言い換えれば，熟達した起業家ほど，「自分はいったい何をすべきか」ということに思い悩むことはせず，むしろ「自分ができることは何か(what I can do)」に焦点を当てて行動する。

2.「許容可能な損失」の原則

　事業計画の策定やビジネスアイデアを考えるとき，多くの場合それを実現した場合にどれくらい収益が得られるのかということを考えるのではないだろうか。このような考えに従えば，どんなに斬新なビジネスアイデアであっても，結局そこから「儲け」がないのであれば大きな意味はない。あるいは，起業後から3年あるいは5年の間にどのように「儲け」を増大させていくのか，将来の出来事に対してできる限り客観的な根拠を示しながら事業計画の中で論理的に予測したものを記述していかなければならない。つまり，起業することでどれくらい経済的に意義があるのか，明確に予測することが求められるのである。

　他方，「許容可能な損失」の原則では，言葉通り損失というマイナスの面に焦点を置いて，「いくらまでならば損してもよいか」ということを検討する。いくらまで損をしてもよいかということは人それぞれであろう。例えば，潤沢な資金を有している人とわずかな資金を有している人とでは，損してもよい額は大きく異なるはずである。また，扶養すべき人がいるのであれば，家族を養わなければならないため未婚の人と比べれば損してもよい額は異なるはずであろう。このように人がおかれている状況によって，損してもよい額

は異なる。このように許容可能な損失の原則によって，熟達した起業家は「予測」に頼らなくても意思決定することができる。

　起業家がどこまで損失を受け入れることができるのか明らかにすることには次のような効果が期待できる。起業家が受け入れられる範囲内の損失の中で，自らが有する手段や集められる手段を使って，成果を残そうとする。このように制約のある中から成果を残そうとする場合，STP[1] に代表されるようなマーケティング手法をそのまま用いることは困難である。そのため，制約がある中でも起業・事業を成功裏に遂行するための方法を集中的に考え，創造的な方法を導出することが求められるようになる。

3.「クレイジーキルト」の原則

　サラスバシーはこの原則は，「決定的に重要であり，市場と企業を同時に創造するための重要な分岐点なのである（サラスバシー，訳書 p116）」という。

　起業家は個人で起業し，事業を遂行していくわけではない。そこには，協力するパートナーを巻き込みながら事業を遂行していくのである。パートナーを巻き込む場合，一般的には起業家が目標やビジョンを作り，その実現のために必要なパートナーを選択する。販売力が必要であればマーケティングに長けた人材を見つけたり，研究開発力が必要であれば専門的な知識を持つエンジニアを見つけたり，資金が必要であれば資金提供をしてくれるような金融機関や個人投資家を見つけたりする。これによって，目標が達成できるような体制を整えようとする。どのような人材が必要なのか，それは参入する市場とそこでの競合他社の動向が大きく影響する。市場内に流通する製

---

　1 STP とは，Segmentation・Targeting・Positioning の頭文字をとった略語である。マーケティング活動における標準的な手順を示した言葉である。すなわち，マーケティング活動を戦略的に展開するために，まず市場を何らかの基準に基づいて同質的なグループに細分化 (Segmentation) する。次いで，細分化した中から主なターゲットとなる市場を選択する (Targeting)。最後に，競合他社と比べて自社の製品の位置づけを決める (Positioning)。このようなマーケティング活動における一連の流れを示した言葉である。

品やサービスの質や顧客ニーズの変動性は把握されていなければ，何をすべきかあらかじめ判断することができない。そのために，詳細な市場分析や競合分析が必要となる。

　他方，「クレイジーキルト」の原則では，パートナーによる自発的関与や相互協力を重要視する。起業家は「許容可能な損失」の原則もあり，非常に限られた経営資源や時間の範囲内で起業し，事業を遂行していかなければならない。この限られた資源と時間を，市場分析とそれに基づいた予測，あるいは必要なパートナーの探索に費やすことは得策ではない。むしろ，自発的に関与するパートナーとともに行動する方が合理的と考える。このようにして形成されたパートナーシップをもとに，企業を形作っていき，新市場を創造したり，特定市場での活動を決定していく。つまり，まずはパートナーと協力して「我々は何ができるのか (what we can do)」を考え，行動をする中で逐次直面する環境に対応していきながら，新市場を形成したり，特定市場に参入するかと決定していこうとする。

4.「レモネード」の原則

　これは，英語の格言「すっぱいレモンをつかまされたら，レモネードを作れ (When life gives you lemons, make lemonade)」に呼応したものである。これは，すっぱいレモンはそのままでは食べることができない。けれども，それを加工してレモネードにすれば美味しく口にすることができるという意味である。

　一般に，詳細な市場分析をおこない，その結果に基づく予測を反映した事業計画を作ると，その計画通りに目標を達成しようとする。これを達成するためには，顧客や競合他社と取引業者などが予測通りの行動をとる必要がある。顧客は予測したとおりに製品品質や価格を評価し，購入する。そして，繰り返し同じ製品を購入し続けることが想定される。すなわち，当初の予測通りに行動するような予定調和な世界が想定されている。

　しかし，顧客はいつでもどこでも予測通りに行動してくれる保証はどこにもない。顧客自身も，自らの懐具合や生活状況によっては，予測通りに行動

できないことがある。つまり，市場をはじめとした企業を取り巻く環境は予定調和の世界ではない。むしろ，予測もつかなかったような行動をとることがあることから，市場は偶発的な世界なのである。

「レモネード」の原則は，この偶発的な出来事を回避したり，解消しようとするのでなく，これを積極的に活用しようと考える。予測できないような出来事は「これから出現してくる状況」であると理解する。そして，どのような状況が新しく出現しているのか理解し，それをコントロールするための練習の機会と考える。

すなわち，予想もしていなかったような出来事は，分析や予測の失敗によって不利益をもたらす要因ではなく，それを積極的に理解することで新しい価値の創造や利益創出につなげるための契機として有効な行動をしようと考える。偶発的な出来事は結果（アウトプット）ではなく，今後の活動のための資源（インプット）と考えるのである。

5.「飛行機の中のパイロット」の原則

今日，我々の生活の多くは，人によるコントロールからロボットをはじめとした機械によるコントロールに置き換わってきている。飛行機も自動運転装置が装備されており，それによって運行されている。事実，飛行機はパイロットが絶えず操縦しているわけではなく，途中で自動運転に切り替わり，ロボット操縦が行われている。この機能が発達していけば，将来的にはパイロットが不要になると考えてしまうかもしれない。確かに通常時はそれでいいかもしれないが，万が一の飛行機トラブルを予知したり，トラブルを克服する場合は，やはりパイロットの存在は欠かせない。

起業においても，あらかじめツールを用いて詳細な分析と予測を行い，事業計画を立て実行していけばよいというのであれば起業家の必要性はないかもしれない。しかし，市場は偶発的な世界であり，どういった出来事がいつ・どこで・どのように生じるのか予測もつかない。そのため，偶発的な出来事の発生の予知や対応については起業家の存在が不可欠である。

最後に

　起業といえば，「成功するため特殊で高度な分析」「あるベンチャー企業だけが有している唯一無二の経営資源」「起業家としての特別な特性や先天的な才能」といったものが必要と思われるかもしれない。まじめに，書籍や映像などのメディア媒体を通じて起業という言葉や現象に触れれば触れるほど，世界的に活躍する有名な起業家をイメージするであろう。そうすると，起業家とは一般人とは異なり，先見力があり，どんな困難も必ず克服する何か特別な存在のように感じてしまうことは否定できない。

　しかし，起業とは，決して特別な人だけに許される経済活動ではない。また，起業に成功する人と失敗する人が先天的に決まっているようなこともない。必ずしもメディアでは注目されていないものの，本章で示したように自分自身あるいはパートナーの手元にある身近なものを使い，試行錯誤を通じて起業することもある。試行錯誤を通じた起業をみると，目標は緩やかに設定され，あらかじめ明確かつ具体的に設定され固定化されるわけではない。また計画は状況に応じ，行動を通じて徐々に形成されていくものであり，行動の前に設計されるものではない。また不確実性や偶発性は，目標達成のための妨害要因でも事前調査の失敗を示すものでもなく，一つの資源として活用される。

　本書で紹介されている起業家は，何を見ているのか。そして見たことについてどのように理解し，どのような意思決定をしたのか。そしてどのような行動をとったのか，ぜひとも本書で紹介した5つの行動原則と照らし合わせながら考察することが必要である。そうすることで，起業家としての行動や意思決定の在り方を自分なりに確立していくことが，起業家あるいは起業家的素養を培う第1歩である。

参考文献

Saras D. Sarasvathy　(2008) Effectuation: Elements of Entrepreneurial Expertise, Edward Elgar Publishing.（加護野忠男監訳 (2015)『エフェクチュエーション』碩学舎）

第3章	地域の課題と社会的企業家 ―社会的課題をビジネスの手法で解決する― 大倉 邦夫

1. 社会的企業の台頭

　現在，地球環境問題，貧困問題，途上国支援の問題など，さまざまな社会的課題が存在している。例えば，地域においても，高齢者の介護支援に関する問題，青少年育成に関する問題，地域活性化等の問題など，多くの課題が山積している。

　従来，日本において社会的課題は政府・行政が取り組むものと理解されてきたが，1980年代以降，景気の後退とともに，税収が減少していく中で，政府は公共投資を抑制し，一般歳出の削減を行った（谷本 , 2006）。その結果，政府は民営化によって小さな政府化を推進し，民間でも問題なく運営・供給可能な公的なサービスについては民間に任せていくこととなった。

　こうした状況において，政府に任せるのではなく，市民が主体的に社会的課題に関わろうとする動きが少しずつ見られるようになってきている。特に，近年ではビジネスの手法を用いながら，社会的課題の解決に取り組む「社会的企業」という事業スタイルが増えつつある。谷本（2006）は社会的企業の要件として社会性・事業性・革新性という3点をあげている。第一に，社会性とは現在解決が求められている社会的課題に取り組むことを事業活動のミッションとすることである。第二に，事業性とは，そうしたミッションに継続的に取り組むために，事業収益の獲得を目的としたビジネスの形態を通して，事業活動を進めていくことである。そして，第三に，革新性とは新しい社会的商品・サービスやその提供する仕組みの開発，あるいは一般的な事業を活用して社会的課題に取り組む仕組みの開発のことである。

　谷本他（2013）は，特に社会性と事業性をつなげる革新性が社会的企業に

とって重要であると指摘する。新しい社会的商品・サービスを開発し，それが市場に受け入れられることによって，事業性が確保される。そして，事業として成り立つことで，社会的ミッションが達成されていく。このように，社会的企業が継続していくためには，革新性をいかにして生み出していくのかということが重要となる。

なお，社会的企業は，株式会社という営利形態で運営されるケースもあれば，NPO法人という非営利の組織形態で運営されるケースも見られる（谷本，2006）。また，近年では事業型NPOという，社会的課題の解決を目的とした商品やサービスを有償で提供し，事業収益を得るタイプのNPOも見られている。そのため，社会的企業は，現実には多様な組織形態で取り組まれている。

以上のように，社会的企業は，ボランティアではなく，アイデアや工夫を凝らしてビジネスの手法を用いることで，自立した経営による継続的な社会的課題への取り組みが可能になる，という点に特徴があることから，近年関心を集めつつある。

2. 社会的企業家とは

社会的企業の立ち上げを計画・実現し，実際に事業を運営していく人物として「社会的企業家[2]」があげられる。谷本・唐木・SIJ（2007）は，社会的企業家を「いま解決が求められている社会的課題に取り組み，新しいビジネスモデルを提案し実行する社会変革の担い手である」と定義している。特に，谷本らは，社会的ミッションの達成を目指し，革新性を創出する点に社会的企業家のユニークさがあるとしている。

新しい商品・サービスの提供を通して，社会的課題の重要性や意義を社会に伝えていくことになる。そのため，社会的企業家には社会的課題を分かり

---

2 本書では「起業家」と「企業家」という，同じ読みではあるが異なる漢字表記がある。前者は，新しい事業を「起こす」側面に注目した概念である。後者は，新しい事業を「企てる」側面に注目した概念である。すなわち，新しい事業を計画・実現・組織化・運営するといった一連のプロセスを視野に入れた概念である。

やすい形で示すための能力が求められる。

　また，社会的企業家は，安定した事業活動を営むためのマネジメント能力も問われることになる。商品・サービスやその提供する仕組みを開発していくにあたり，ヒト・モノ・カネ・情報という様々な経営資源を確保していく必要がある。実際の事業活動においては，社会的企業家が中心となる一方で，一人ですべてを担うことは困難である。多くのステイクホルダー（利害関係者）とのかかわりを通して，経営資源を確保することによって，事業が実現していく。したがって，社会的企業家には，様々なステイクホルダーを事業に巻き込み，協働関係を構築するなどして，継続的な事業へと発展させていく能力も重要となる。

　先に述べた通り，社会的企業の要件として，社会性・事業性・革新性があげられるが，社会的企業家は，そうした3つの要件を成立させるという役割を担う。日本においても，地域の課題に関心をもつ個人が，社会的企業家として事業を立ち上げ，その課題の解決に取り組むという事例が少しずつ増え始めている。そこで以下では，日本を代表する社会的企業の一つであるNPO法人ケア・センターやわらぎの事業内容を確認していこう。

3.　社会的企業の事例

　ケア・センターやわらぎは，障害者や高齢者に対して在宅介護サービスを提供するために，東京都立川市において1987年に石川治江が設立した介護事業者である（2000年にNPO法人格を取得）。

　石川は，1970年代の後半から障害者支援の活動に携わっているが，この経験が介護事業の立ち上げに大きな影響を与えている。石川は多くの障害者や身体の不自由な高齢者，さらにはボランティアに取り組む人々とかかわる中で，地域の障害者や高齢者に十分な介護サービスが提供されていないという課題を認識した。介護サービスは行政が提供していたが，1970～80年代当時の立川市の介護サービスは週18時間の家事援助のみであり，24時間の在宅介護は行われておらず，障害をもった人の身体介護やトイレの介助も

サービスの範囲外であった。また，立川市には行政のヘルパーが9名しかおらず，介護を必要としている人々に対して，十分な支援が行き届いていないという状況であった。

　こうした中，石川はボランティアの仲間とともに，行政では支援が困難な地域の要介護者のケアに取り組むものの，ボランティア・スタッフの燃え尽き症候群など，ボランティアでは長続きしないという課題にも直面していた。そこで，石川は日本で初となる24時間365日の在宅介護という，障害者や高齢者に対して必要なサービスを的確に提供するためのボランティアではない有償の「仕組み」を作ろうと考えた。

　石川は1987年，ボランティア活動を通して知り合った仲間に声をかけ，非営利の民間福祉団体「ケア・センター」を設立した（翌1988年に「ケア・センターやわらぎ」に名称変更）。ケア・センターやわらぎは，介護サービスの提供を希望するケア・ワーカーと利用者（要介護者）を仲介する事業を開発した。具体的には，ケア・ワーカーと利用者それぞれがケア・センターやわらぎに登録を行い，ケア・センターやわらぎのスタッフがコーディネーターとして両者を引き合わせていくというものである。コーディネーターは利用者本人やその家族と話し合い，介護の内容を決定していく。加えて，利用者に合った適切なケア・ワーカーを選出するなどの業務も担っていた。実際に，ケア・センターやわらぎでは家事援助（洗濯，掃除，炊事），在宅介護，在宅看護（看護師によるケア）という3種類のサービスを提供していた。なお，ケア・センターやわらぎは，会員からの会費収入や助成金を主な財源としながら，介護事業を展開していくこととなった。

　その後，ケア・センターやわらぎは立川市だけではなく，東京都の国分寺市や日野市などサービス提供地域を広げ，さらには行政からの委託事業の実施を目的に社会福祉法人にんじんの会を設立するなどして，介護事業を拡充させていった。また，介護サービスへの民間事業者の参入を促進し，契約によって利用者自身介護サービスの種類や事業者を選択するという介護保険制度が2000年に施行された。ケア・センターやわらぎは同年4月に介護保険サービス事業者の指定を受け，介護サービスの提供を通して介護保険収入が得ら

れるようになった。介護保険法施行以降は要支援者・要介護者に認定されると，サービス費用の1割を負担することで，サービスの提供が受けられるようになった。このような制度の変更もあり，ケア・センターやわらぎのサービスを利用する人も増え，収入が増加していくこととなった。以上のような事業の拡充と，介護保険収入という安定した財源を確保することができたことで，ケア・センターやわらぎは現在に至るまで継続した事業展開が可能になっている。

　そして，コーディネーターを中心としたケア・ワーカーと利用者を結び付けた24時間365日の在宅介護サービスという，従来の介護業界になかった革新的なサービスの仕組みは，石川個人だけではなく，ケア・センターやわらぎのスタッフや理事会のメンバー，地域の医療機関などの協力によって生み出され，維持されている。例えば，スタッフとの日々のコミュニケーションや，大学の研究者をはじめとする理事からのアドバイスなどによって，在宅介護サービスの仕組みやそれを実施するための体制が構築されている。ケア・センターやわらぎの事業の拡充という点においても，理事会での議論から社会福祉法人の設立のアイデアを石川は得ていた。このように，事業を成立させるにあたり，企業家にはさまざまなステイクホルダーとの関係を構築していくことが求められることになる。

4.　社会的企業の課題

　本章では，政府でもボランティアでもなく，ビジネスの手法を用いながら，社会的課題に取り組む社会的企業という新しい事業スタイルについて解説してきた。社会的企業は関心を集める一方で，課題も指摘されている。特に，いかにして事業性を確保していくのかという点が各事業者に共通する課題としてあげられる（大室・大阪NPOセンター，2011）。事業を開始した当初は経営資源も乏しく，組織を運営するための安定したマネジメント体制が整わない中で事業に取り組まねばならない。例えば，資金調達の問題，商品・サービスのマーケティング活動，解決を目指す社会的課題のPR，組織内での効

16　第1部　本書を読み解くための主要概念の説明

率的な業務プロセスの改善等々，組織を運営するための基本的な問題に企業家は直面することになる。

　また，事業として成立させるためには，市場から支持される商品やサービス，あるいはそれらを提供するための仕組みをつくりだす必要がある。そのため，社会的企業の要件の一つである革新性をいかにして生み出していくのか，という点も同様に社会的企業家が取り組まなければならない課題と位置づけることができる。

　社会的企業家が直面するさまざまな課題を克服していくにあたり，近年，マルチ・ステイクホルダー・プロセスという視点が注目されている（谷本他，2013）。これは，企業家の働きかけに応じた多様なステイクホルダーとの関係から，革新性の創出や事業性の確保という課題を捉える視点であり，社会的企業の成立にはステイクホルダーからの協力が必要になることを強調するものである。上記のケア・センターやわらぎの事例でも示されたように，複数のステイクホルダーからの協力を得ることで，事業を実現するためのさまざまな経営資源を集めることが可能となった。このように，企業家が単独で取り組むのではなく，協力してくれるステイクホルダーを巻き込みながら事業を展開していくことが，社会的企業の成功のためには重要となる。

参考文献

大室悦賀・特定非営利活動法人大阪NPOセンター編著（2011）『ソーシャル・ビジネス－地域の課題をビジネスで解決する－』中央経済社

谷本寛治編著（2006）『ソーシャル・エンタープライズ－社会的企業の台頭－』中央経済社

谷本寛治・唐木宏一・SIJ編著（2007）『ソーシャル・アントレプレナーシップ－想いが社会を変える－』NTT出版

谷本寛治・大室悦賀・大平修司・土肥将敦・古村公久（2013）『ソーシャル・イノベーションの創出と普及』NTT出版

第4章　地域イノベーション

熊田　憲

1．地域におけるイノベーションとは

　「地域イノベーション」という言葉から何を思い浮かべるであろうか。本章では，はじめに「地域」と「イノベーション」を切り離し，「イノベーション」の捉え方について述べてみたい。なぜなら「イノベーションをどのように捉えるのか」ということは，地域イノベーションを論じる上でのスタートラインとなるからである。

　イノベーションという言葉を技術革新と思っている読書も多いだろうが，実はイノベーションという言葉は技術革新とイコールではない。イノベーションは，画期的なアイデアから新製品やサービスを生み出すことにより既存の枠組みを転換し，社会に新たな価値を生み出すような様々な変革を意味している。つまり，何らかの革新によって経済的成果を達成することが，イノベーションの本来的な意味といえる。この意味からいえば，技術革新（による経済的成果の達成）とは，数あるイノベーションの中のひとつの種類（分野）ということができる。しかし，イノベーションを技術革新，つまり革新的な科学技術からのみ生み出されるものと限定してしまうと，地域イノベーションの議論が矮小化してしまう。このため，イノベーションをどのように捉えるのかということが，地域イノベーションのスタートラインになるのである。

　科学技術イノベーションとよばれる技術革新によるイノベーションからは，最先端科学技術を牽引する大企業，あるいは研究大学，そして先端的なベンチャー企業といったイメージが湧いてしまう。そして，このようなイメージでイノベーションを地域と結び付けると，シリコンバレーのようなIT先

進地域が思い浮かぶ。この連想をもとに「私の住んでいる地域からもイノベーションを起こすぞ！」と思い立ってしまうと，現実には研究力，開発力，特許，といったさまざまなハードルが立ちふさがり，「とてもじゃないけど無理だろう…」と挑む前から気持ちが萎縮してしまいそうである。もちろん，科学技術イノベーションを創出できる地域もあるだろう。どのような地域企業でも可能性はゼロではない。しかし，どうしても自分たちとはどこか遠いところの話のような気分になってしまう。そこで，頭を切り替えてイノベーションとは「何らかの革新」によって生み出すことができる現象であると考えてみる。そうすると，我々の住む地域でも，地元にある景勝地や昔ながらの地場産業，そして美味しい農作物，若者がひらめいたアイデア等々，これらを活用した斬新なビジネスモデルにより，革新を起こせる可能性が拓けてくるのではないだろうか。

　本書を読むにあたり，読者の皆さんには是非，イノベーションを広い意味で捉えて欲しい。このように捉えることにより，イノベーションは偉大な天才しか生み出せないものではなく，また国や大企業が主導となり世の中を変革する大規模な革新だけでもないことがわかってもらえるであろう。つまり，中小企業や地域企業の従業員，農業や観光業に従事している人，あるいは地元の学生といった，普通の一個人の手によってでも成し遂げることができるイノベーション，それが地域イノベーションなのである。

2．地域イノベーションの2つの次元

　次に，地域イノベーションの2つの次元について述べていきたい。ここで，第1の次元は「点」である。そして第2の次元は「面」である。

　第1の次元である点とは，地域から生み出された個々のイノベーションを指す。そして，このような地域の起業家（企業家）により創出される一つひとつのイノベーションを「地域『発』イノベーション」と呼ぶことにしよう。地域発イノベーションの事例を探してみると，地域起業家たちの弛まぬ努力による多くの成功事例を見つけることができる。六次産業化に挑む農家の経

営者たち，伝統に反発しながらも第二創業を果たした次世代の経営者，古くからの地場産業が蓄積した技術力を活かし，既成概念にとらわれない製品で市場を開拓した事業継承者や，斬新なアイデアで勝負を挑む企業家など，地域にはたくさんのイノベーターが存在している。彼・彼女らは，一見，不利とみられる地方の中で，限られた経営資源のもと，自らの能力，努力で成功をつかみ取っている。

　続いて，第2の次元である面について述べていこう。面とは，地域企業から地域発イノベーションが連続的，持続的に創出されるような地域を意味する。つまり「イノベーティブな地域」のことである。これまでに，イノベーティブな地域を目指して数多くの地域が試行錯誤を繰り返している。国のさまざまな政策からもわかるように，地方創生の機運は高まりを見せているが，思ったような効果があがらず苦心している地域が多いというのが実情ではないだろうか。

　現在，地域企業は点としての地域発イノベーションを自らの成長あるいは生き残りの突破口と捉えて邁進し，自治体や地域産業界あるいは地方大学を含む地域コミュニティーは，地域経済を活性化させ地方を創生させるための強力な手段として，いかにイノベーションが起こりやすい地域に変革していくのか，という面としての機能を整備することに注力している。しかし，地域イノベーションに取り組むにあたって，是非，注意して欲しいことは，「1つの地域発イノベーションを起こす」ということと，「地域発イノベーションが連続的，持続的に起こるイノベーティブな地域にする」ことは分けて考える必要があるということである。一見，同じことを指しているように思われるこの点と面であるが，1つの処方箋で両方を同時に解決することはなかなか難しい。これは，点としての地域企業の問題と，面としての地域経営の問題の2つの側面からの議論，さらに点と面の関係性の議論まで必要となるため，非常に「やっかい」である。以下では「地域産業」というキーワードで，このやっかいな問題に取り組もう。

3. 地域イノベーションに潜むやっかいな問題

そもそも地域はどのようにして地域産業を活性化しようとしているのだろうか。競争力を失いつつある主要産業の「再活性化」を目指すのだろうか。あるいは疲弊した主要産業から脱却し，競争力が見込める新たな産業に転換を図る，いわゆる「新産業化」だろうか。前述のやっかいな問題とは，この活性化手段に関する部分である。それは，「何を地域イノベーションの中心（重心）に据えるのか」という選択である。

この選択の必要性についてイノベーション・システムという概念を用いて説明していこう。「イノベーティブな地域である」ということはイノベーションを起こすシステムが地域に構築されていることを意味する。前述したシリコンバレーでいえば，IT産業におけるイノベーションを起こすシステムが地域内に構築されているということである。このようなイノベーティブな地域は1つの産業（製品）に特化していることが多い。これは，イノベーション・システムが一定の産業分野（あるいは，より広い意味での産業特性）ごとに異なるシステムになるという性質をあらわしている。つまり，全く異なる複数の産業分野においてイノベーティブな地域というのは，極端にいえば産業の数と同じ数のシステムを持っている地域ということになる（もちろん，全く同数ということではないし，複数のシステムで共有できる部分もあるため相乗効果も期待できる）。このため，このような複数のシステムを保有できる地域というのは，非常に限られた地域，つまり，経営資源の豊富な地域と考えられるのである。しかし，多くの「地方」と呼ばれる地域には，複数のシステムを構築するだけの経営資源がないばかりか，1つのシステムを構築する資源すらままならないというのが実情であろう。このような地域の経営資源の不足が，地域イノベーションの中心に据える産業分野を選択しなければならない最も大きな要因となるのである。

どのような地域も，その地域特有の歴史や文化を持っている。まったく同じ地域というものは存在しない。そして，それぞれの地域には，これまで築

第4章　地域イノベーション　*21*

き上げてきた経緯といったものが存在する。これを地域産業という観点から
いえば，「その地域はこれまで，どの『産業』で成り立ってきたのか」とい
うことになる。農業なのか，製造業なのか，あるいは漁業，観光業というと
ころもあるだろう。しかし，いずれにせよそれぞれの地域には歴史的に地域
で中心的な役割を担ってきた主要産業というものがあり，その成立の経緯に
は，それぞれの地域ごとにある種の「経路」が存在する。たとえば，ある地
域がイノベーティブな地域を目指すことを考えているとする。どの産業を中
心としてイノベーション・システムを構築することが，最も活性化の可能性
が高いだろうか。現在も競争力を持つ既存の主要産業，主要とまではいえな
いが将来性があるといわれている別の産業，あるいは地域にとって全く新し
い取り組みとなる産業，選択肢は他にもあるかもしれない。いろいろな地域
を調査してみると，現在の主要産業を選択する傾向が強いようだ。その理由
の1つが「経路」にある。現在に至るまで，主要産業として重要な役割を担っ
てきた産業には，既に，地域の中にその産業を推進するためのシステムが存
在する。これは企業経営で考えてみるとわかりやすい。企業の主力事業の活
動は，企業の中で最もスムーズに進むようになっている。企業は長い年月を
かけて，1つの事業を主力事業に育てるために学習し，その事業に特化した
システムを構築，効率化することで競争力を獲得していく。同じことが地域
経営にも当てはまる。既存の主要産業の推進システムは，地域の中で認知度
も高く信頼されており，最も洗練されたシステムであろう。このため，この
ような既存のシステムを有する現在の主要産業が選択されることが多くなる
のである。これは一見，合理的な判断とも思われる。ところが，このような
既存の地域産業システムが地域イノベーション・システムとして機能するの
かというと，そう簡単には行かない。

4．地域イノベーション・システム構築における2つの壁

　本章では最初に「イノベーションとは『何らかの革新』によって生み出す
ことができる現象である」と述べた。つまり，現状の変革が前提となっている。

22　第1部　本書を読み解くための主要概念の説明

これは,「今」と「革新後」における「差」が経済的成果を生み出すためである。そして,このような革新を既存のシステムで生み出すことは難しく,システム自体の変更が必要となる。ところが,既存のシステムを変えることは企業においても困難な作業とされており,歴史ある会社がイノベーティブな会社に変化することがいかに難しいかについては,さまざまな議論がなされている。企業でも難しいシステム変更を,幅広い関係者で構成される地域産業システムで実行していく困難は想像に難くない。これが地域イノベーション・システム構築の第1の壁である。

　さらに,現実には地域全体がひとつの産業で成り立っているということはない。どのような地域も,いろいろな産業でさまざまな人たちが活動を行うことにより地域社会が成り立っている。その中で,ある1つの産業分野にのみ全精力を傾ける,となれば他産業者からの反発は必至である。しかし,ここで理解して欲しいことは,決して「他を除外する選択ではない」ということである。この選択は,どの産業分野を中心にイノベーション・システムを構築するのか,言葉を変えれば,この地域はどの分野を中核として地域発イノベーションを起こしたいのか,あるいはイノベーションが起こる確率が高い分野はどれか,ということであり,何をフロントランナーに地域イノベーション競争に挑むのかという選択なのである。

　それでは,中心分野ではない他分野は地域イノベーションとは無関係ということなのだろうか。決してそのようなことではない。むしろ,中心分野と周辺分野の協働・連携・融合がイノベーティブな地域には欠かせない要件なのである。なぜなら,イノベーションとは本来的に,ひとつの産業分野と関連産業,さらにその支援産業といった多くの産業分野を巻き込んで生み出されるものであり,このため,さまざまな波及効果を有する広がりを持つ現象となる。つまり,この特性ゆえに地域イノベーションによる地域活性化への期待が高まっているのである。そして,この特性からは地域が構築するイノベーション・システムが中心分野における地域発イノベーション創出のみを目指すものではあり得ないことは明らかであろう。いかにして地域発イノベーションに周辺分野を巻き込んでいくのか,起こった地域発イノベーショ

第4章　地域イノベーション　*23*

ンの成果をどのように周辺分野へ波及させていくのかがシステム構築の要であり，地域発イノベーションを梃子に地域産業全体を活性化する機能が内在していることが前提なのである。しかしながら，この地域産業全体を繋げる機能を組み込むことが，地域イノベーション・システム構築の最大の難所であり第2の壁といえる。

5.　地域イノベーションに処方箋はあるのか

　このような中心分野と周辺分野の議論を踏まえて，改めて点と面の関係性についてまとめてみたい。点である地域発イノベーションとは，個々の地域企業が生み出すものであり，自らのビジネス分野において，独自の発想，アイデアによる企業戦略でイノベーションを成し遂げるのである。このため，個々の地域発イノベーションの成功体験は地域内で共有することが難しい。一方で，最初に地域政策を立案し，面として既存の主要産業推進の仕組みを活用したとしても，その効果は主要産業内に留まり，地域内の周辺分野への波及効果はなかなか生まれてはこない。なぜなら，主要産業と地域のさまざまな産業とを繋げる機能がないため，産業間の協働・連携・融合が生まれないためである。このように，地域イノベーションの創出とは，点が増えれば面になる，面を整えれば点が生み出されるというような単純なものとはならない。「点から面」を目指すことと「面から点」を目指すアプローチは大きく異なるため，1つの処方箋に頼ることはできそうにもない。しかし，いずれのアプローチを取るにせよ，いかに点と面を繋げられるかが成否を分けることになることは理解いただけるだろう。

　それでは，第1の壁と第2の壁を攻略し，地域イノベーション・システムが構築され，地域発イノベーションが連続的，持続的に起こり，地域産業が活性化するためには何が必要となるのであろうか。ここで言えることは，地域が目指す地域産業全体のあり方（中心分野と周辺分野を網羅した）が地域イノベーション・システムに埋め込まれ，地域全体でイノベーション活動に取り組むことによって成功の可能性が高まっていくであろう，ということで

ある。目指す地域産業全体のあり方が異なれば，構築しなければならない仕組みも異なる。つまり，地域ごとに異なる地域イノベーション・システムが必要になるのである。このため地域は，自ら地域産業全体のあり方を問い，考え，答えを出し，その上で独自のシステムを構築していかなければならない。

6. 地域起業家が起こす地域イノベーション

　最後に，地域イノベーションを創出する地域起業家（企業家）像について触れておきたい。本章では，地域イノベーションには点と面の側面があり，その関係性も地域ごとに異なるなど，地域イノベーションを成功に導くための処方箋は簡単に見つかるものではないことを述べた。さらに，ここでの議論は地域イノベーションの一側面に過ぎず，地域活性化にはまだまだ，さまざまな困難が待ち受けている。しかし，本章で伝えたい事は，地域起業家には点に挑戦するイノベーター，面に挑戦するイノベーターの両方が必要だということである。「地域起業家」というと主に点に挑戦するイノベーターと思ってしまいがちだが，ここで強調したいことは第1の壁，第2の壁を突破する面に挑戦するイノベーターも同様に不可欠な人材だということである。どちらか一方だけでは，地域の人々の収入増加，雇用増加，人口増加，といった地域復活への道筋は見えてこない。起業家（企業家）に加え，政策立案者，専門職人材，といった幅広い人材の中から起業家マインドを持った「地域イノベーション人材」が地域に育っていくことが，地域復活への近道ではないだろうか。

第 2 部

青森県で輝く
じょっぱり起業家

講演編

第1章	人と地域がつながる コミュニティビジネス

企業組合でる・そーれ　辻 悦子氏

青森県五所川原市出身。2009年4月，社会関係資本[3]という考え方をもとに「食」を通じてさまざまなヒト・モノ・コトをつなぐ場所「コミュニティカフェでる・そーれ」を仲間3人と一緒に設立。2010年8月には企業組合となり，現在も理事を務めている。辻氏ら企業組合でる・そーれの活動は2012年に「青森県コミュニティビジネス表彰 最優秀賞」，2014年に経済産業省「がんばる中小企業・小規模事業者300社」に認定されるなど，青森県内外で高く評価・注目されている。

1. はじめに

私がここでお伝えすることは，私1人で起業したのではないということと，地域の資源を徹底的に探してつくったビジネスということです。

地域の資源として，私たちが着目したのは，津軽鉄道という五所川原市で85年ほど運転している鉄道会社です。津軽五所川原駅から終点の津軽中里駅までの総距離が20.7kmあり，約45分走っています。津軽鉄道を軸とした地域の活性化と，津軽鉄道の本社1階が空き店舗だったので，五所川原の駅前をにぎやかにするというさまざまなストーリーを考えて始めたビジネスです。

---

3 本講演では，社会関係資本は「地域における人と人とのつながりや絆から生み出される価値」のことを指している。

写真1. でる・そーれ理事および組合員メンバー

　写真1は，でる・そーれの組合員と理事です。写真右側に写っているのが，辻悦子（講演者）です。右から2番目が北澤由美子といって，本業はバルーンアーティストで，結婚式場とかで風船を飾っていたり，イベントでパフォーマンスをしたり，さまざま風船を使った仕事をしています。真ん中が代表理事の澁谷尚子です。その隣が組合員の西村ちひろです。彼女は，五所川原市企業支援型地域雇用創出事業で，でる・そーれに来ることになりました。現在では出資をして，労働もしています。一番左端が松野麗子です。でる・そーれを創業するときには，スタッフとして協力したいということでした。けれど，後に出資をして一緒に起業メンバーに加わりました。

　この企業組合は，金額は別に構わないですけれども，私たちの場合は1万円から出資をするという組合員方式で，出資も労働もするということになります。なので，組合員であっても理事であっても，全員が会社の社長，自分たちの稼ぎは自分で稼ぐという仕組みになっています。雇われて，時間内で働いて，決まったお給料をもらって，時間になったら来て，時間になったら帰って，その日の仕事を与えられた分だけやって終わるという仕組みではな

いです。今日来たら何をしてお客さまに喜んでもらおうかとか，一人一人が責任者になって考えるという組織です。

2.　起業のきっかけ

つながる絆パーティの結成

　きっかけは，青森県の基本計画推進事業「絆で結ぶ地域がつながるモデル支援事業[4]」でした。この事業に 2008 年度から 2 年の事業として西北五地域が選ばれまして，16 人の五所川原をはじめとする近隣に住む人々で構成しました。当時はまだ新幹線の新青森駅が開業前だったので，新幹線が開業になると弘前や五所川原市や津軽地方にお客さんがどんどん来るだろうということで，お土産品の開発をミッションにして集まりました。

　ただ，私たちの住んでいる五所川原市をはじめとする西北五地域というのは，みなさんもご存じだと思いますけれども，圧倒的に働く場所が少ない地域です。もともと農業がさかんだったということもありますが，農業以外で働きたくても働く場所がないので，青森・弘前・盛岡・仙台に出たり，他の地域にある大学に進学してそのまま帰ってこなかったりで若い人たちがどんどんいなくなっている地域でもあります。

　こういった事情から，雇用の場が生まれるような暮らしに根ざした小さな仕事をつくっていこうということで，大きく方向性を変えました。「今度，新幹線が新青森まで延伸されるけれども，新しいお土産品の開発よりも，もともと生活がどんどん変化していて若者がいなくて，働きたくても働ける場所がない地域を何とかしなければ，新しいお土産品を形だけ開発しても仕方

---

　4 人と人とのつながりや絆，いわゆるソーシャル・キャピタルの概念を，製造業や商業，サービス業の割合が相対的に低く，雇用の場が不足していることが最大の課題とされる青森県西北地域に導入して，西北地域における特産品の開発を目指そうというのが，2008 ～ 2009 年度青森県基本計画推進重点事業「絆で結ぶ地域がつながるモデル支援事業」である。出所：青森県ソーシャル・キャピタル研究会 (2012)「ソーシャル・キャピタルを活用した地域活性化に関する報告書」p.5。

がないよね」ということになりました。

　働く場所をつくるということでまずは生業という考えのもと，自分たちの稼ぎを自分たちでつくっていくということから始めました。そこで出てきた話が，社会関係資本といって，人と人とのつながりや絆も価値だよねという話です。人と人とがつながることで生まれる絆や信頼は目に見えません。ですので，ビジネスをするときに信頼は本当に必要なのかなとか，お金があればいいのではないかとか，商品だけが魅力あればいいのではないかとか，そんなことを考えながらスタートしました。最終的には，信頼が構築された地域は物事がうまくいくかもしれないという仮説をもとに，本当に今ある絆や信頼は価値があるのだろうかということを試していくという実践をする場でもありました。

　県の事業で，グループ名は「つながる絆パーティー」という名前になりまして，具体的に信頼をもとにどんな実践をしていくのかということになったときに，3つのプロジェクトが立ち上がりました。その3つは「駅前販売プロジェクト」「津軽沿線地域資源活用プロジェクト」「農作物加工販売プロジェクト」です。その中で，でる・そーれ創業メンバーの澁谷・北澤と辻の3名は「駅前販売プロジェクト」に所属しました。ここから具体的にコミュニティカフェのストーリーができ上がってきます。「つながる絆パーティー」でプロジェクトをどのように進めるかといったときに，一番最初に欲しかったのが拠点でした。人と人が集まる拠点が欲しいね，私たちがおしゃべりする場所が欲しいね，作戦会議をする場所が欲しいねということになりました。さらに，このことが発展して，拠点をつくって地元の食をつくって，情報発信もできたらいいねということになって，地域に開かれた公共的な場（プラットフォーム）を「つながる絆パーティー」でつくっていこうということになりました。つまり，「つながる絆パーティー」の拠点を目指すということで，最初からコミュニティカフェが構想にあったわけではありませんでした。みんなでできることをまとめていって，どんなことがいいか，最初は机の上で考えました。みなさんも友達同士で，こんなことできたらいいよねというのを何となくアイデア出しして，机の上で頭を並べて考えますね。そういうたぐいのものでした。駅前でこんなふうに食事を提供して，場があって，そんなことがあったらいいなという思いを実践したと思っています。

第1章　人と地域がつながるコミュニティビジネス　*31*

　次に必要なのは，つながるということでした。どんどん頭の中でいろいろ
なイメージが膨らんでいきまして，その拠点をさまざまな人が集まるプラット
フォームにすることが有効だと考えました。自分たちが必要としている場所が
自分たちだけの満足ではなく，いろいろなお客さま，五所川原をはじめとした
近隣の住民とか鉄道ファンにも来てもらわないと困るよねと考えました。自分
たちだけのカフェではないのだから，みんなに開かれた，あそこに行くとおも
しろいよねとか，あそこに行くといろいろな人と出会えるよねとか，そういう情
報を発信できる場所じゃないと徐々に縮小されていくよねという話になりました。
そして最終的に，奥津軽 5 をイメージするプラットフォームをつくろうよという話
になりました。ちなみにここまでの話は全部，最初は頭の中で考えただけです。

　このように生まれたアイデアを実践に移す段階になってきて，自分たちの
情報が確実なものか有益なものか，お客さまのためになるものか，いろいろ
考えて発信しないといけないので，頭の中で考えたものであっても，いろい
ろ整理をする必要がありました。地域住民にとっては，楽しくて，おいしい
ものがあればいいよねとか，元気になって，健康になって，希望もあればい
いよねという話をしているうちに，だんだんイメージができ上がってきまし
た。コミュニティカフェをつくる前に，やはり人とのつながりをつくる場が
必要でした。コミュニティカフェはつながりをつくるための手段でした。新
しいつながりの場をつくることが必要なのだということで意見が一致して，
そこでプラットフォームの大体の構想ができ上がりました。

　このように構想を練っている一方で，津軽鉄道本社の1階で，新たに青森
シャモロックを活用した汁物を試作していました。青森シャモロックは，青
森県内20カ所の指定農場でしか育てられない地域資源です。後々は，この
場所でカフェをオープンして，津鉄汁として提供するようになりました。

地元の反対とビジネスプランコンテスト特別賞
　実験的に何度かいろいろなことをしているうちに，注目を浴びるようにな

　5　五所川原市を中心とした青森県西北五地域。

りました。青森県の事業として2年間だけやればよかったものが，いつしかこの取り組みを2年で終わらせるのはもったいないと思うようになりました。この取り組みを続けるためにはどうするか。結論として，続けるということはビジネスにすることでした。イベントとビジネスは全く違うのだということにそこで気がつきました。プラットフォームという新しい場をつくるためには，ビジネスにしないとだめだと思いました。つまり，みんなでイベントをやっていても地域活性化にはならないという考えにたどり着きまして，いろいろ実験販売やモデルツアーをしていくうちに新たに考えたことがありました。

　地域の人々に満足してもらえる新しいプラットフォームを創出するためにはどうしたらいいかという課題に対して，でる・それが地域全体の情報発信を行って，地域が元気になる仕組みを生み出さないといけないのだと気づきました。自分たちの絆や信頼を自分たちだけのものにはせずに，公益的に連携していかないとだめなのだと思ったのです。もっともっと多くの人との新しい接点を生み出す必要があるということに気がつきました。人や物を生かしたネットワークが地域の経済効果につながる，このような仕組みを作り出すことが，すなわちビジネスをするということにようやくたどり着きました。

　自分たちが頭の中にあるこんなことできたらいいなというのをだんだんアウトプットしているうちに，1つのきっかけが生まれました。2009年3月に経済産業省が主催した「夢のソーシャルビジネスプランコンテスト」というものに出場することになりました。「夢のソーシャルビジネスプランコンテスト」では，自分たちがこんなことができたらいいとか，こんな人とつながりたいと考えていることに対して特別賞をもらいました。このことが少し自信になりました。

　そのコンテストの発表内容は，次のとおりです。発表のために収集した2006年当時のデータでは，JRと津軽鉄道を利用する人が1日1,000人いました。その1,000人のうち，カフェを利用してくれる人が1日20人はいるのではないか。もしかしたら，ワンコインぐらいは使ってくれるのではない

か。1日1万円の売り上げをつくって，30日営業して月商で30万円をつくっていくにはどうしたらいいか。私たちが考えていたのは，本当に本当に小さなビジネスでした。でも，そのことしか考えられませんでした。1日1万円売るためにどうしたらいいか。月30万円稼ぐためにどうしたらいいか，そこから人件費，光熱費，家賃と考えると，成り立つだろうかということを考えると，とても不安になって，やめたいと思うこともありました。

　でも，私たちのビジネスには仲間がいました。澁谷と北澤と辻の3人で，ここまで来たんだからやってみようよということで，だんだん本格的になっていき，きっと私たちのビジネスは共感を呼ぶはずだと思って臨みました。その結果，コンテストでは共感を呼びました。しかし，地元のみなさんに，今から駅前でコミュニティカフェというのをやってみたいと思うけど，どう思う？と言ったときに，10人のうち8人はやめたほうがいいと言われました。というのも，駅前は車をとめられないし，コーヒーを飲む人も少ないし，近くには喫茶店もあるし，ちょっと車で行けば複合型大型ショッピングセンター・エルムの街という場所もあるから，絶対，人が行かないというのが大方の意見でした。私自身も，そのような意見に対して「そうだよな」と思う反面，「それだけかな」という強い思いがあって，津軽鉄道を自分たちの資源として，まちづくりに生かしたり，ビジネスに生かすという視点を持った企業ができないかなと思っていたので，そこにトライしたわけです。

　地元からは大反対されていたのに，ソーシャルビジネスプランコンテストの会場にいた人たちからは，ぜひやったほうがいいと，まるで反対な意見を言われました。少し戸惑いました。そのビジネスはいいという人たちがいる一方で地元ではあまり共感を得ない，この差は何だろうと思いました。

　地元の人こそ地元のよさをわからないということもあると思います。けれども，わからないために反対するのか，私たちがまだそこまで何かやれるかどうかという自信がなかったように見えたので反対したのか，失敗しないほうがいいよみたいな形で反対されていたのか，そこはわかりません。けれども，地元では反対，でも，私たちのビジネスプランを評価する人たちはやったほうがいい，これはどういうことかと思いながらも，評価されるプランで

あることには変わりないのだということで自信をつけて帰ってきて，津軽鉄道の澤田長二郎社長にそのソーシャルビジネスプランコンテストの内容をプレゼンテーションしたら，やってみないとわからないから始めたほうがいいのではないかということになりました。

3. でる・そーれを起業

でる・そーれで働く人たちの想い

　2009年3月に話し合いをして，わずか1カ月くらいでビジネスプランを確定させて，そこからもう一度，カフェとしての企画を練り直しました。そして，2009年4月18日にオープンしました。オープンのときはみなさんに祝っていただきました。風船のアーチをつくって風船を飛ばして華々しくスタートしました。ちょうど1年たって，協力者がまだだいぶできたので，まちなかコンサートとか，カフェの中を充実させるというよりは，場として提供するということに力を注ぎ，この場所で好きなことができるよというアピールをしながら進めてきました。

　起業当初から津軽鉄道本社1階で店舗を構えています。建物自体は小さいですけれども，津軽鉄道本社1階に設けられている地域交流施設「サン・じゃらっと」の中で運営しています。1階のスペースの中では飲食もできますし，クッキーの製造もしていますし，お土産品も販売していますしということで，小さいスペースの中で結構盛りだくさんにいろいろなことをしています。

　みなさんよく最近言われるのは，でる・そーれとして確立しているのだから，自分たちで店舗を構えて独立したほうがいいとよく言われます。ですけれども，そうではないのです。津軽鉄道の澤田社長の「一番最初にやってみないとわからない」と背中を押してくれた言葉に感謝をするという意味もあって，津軽鉄道本社1階を借りて営業しています。さらには，コミュニティビジネスというのは，1人だけがもうける仕組みではなくて，でる・そーれの場所にかかわる人たちみんながもうかっていく仕組みなので，関係性が複雑であればあるほど，人がまねできない仕組みになっていくので，でる・そー

れがオンリーワンのビジネスを目指すためには，たくさんの人たちとつながらないと成り立ちません。

　スタートしたときには何もなかった私たちは，人との関係性でしか物を売っていけませんでした。ですから，モノがありきではなくて，人とのつながりありきのビジネスなので，いろいろな人に絡んでもらってビジネスが成り立つというふうになっています。物が売れればビジネスとして成功するのだから，それはそれでいいのではないかと言われますが，決してそうではありません。その物に関係してくる人たちがどれだけ多くいるかといった背景にあるものを大事にするということが大事です。

　先ほど，「つながる絆パーティー」という名前からスタートしたと言いましたけれども，絆をつくるということがとても大事で，お客さまとの絆もありますし，自分たちが今つくって売っている石炭クッキーとかを大事に食べてもらえるお客さまとの絆もあります。また，でる・そーれの中で一緒に働く人たちの絆もあって，この場所が無限大にいろいろな可能性を秘めているということが一番大事だと思います。

　どんどんもうかって，私たちの給料が上がればいいということではなくて，私たち自身もどうしたら幸せに生きられるのか，豊かさとは何なのか，なぜこの場所で始めたのかとか，といったことを考えることがあります。そのようなことを考えていると，ときどき決まった時間で働き，決まった給料がもらえる生活のほうが，ひょっとしたら楽かなと思うこともあります。けれども，やはりそうではないのです。この場所を，自分たちの働きまでも変えられる，生き方までも変えられる，そんな場所にするために，まずは津軽鉄道株式会社と津軽鉄道サポーターズクラブとでる・そーれの信頼関係で成り立つビジネスを成功させたいという思いでいます。

コミュニティビジネスへのこだわり

　私たちはコミュニティビジネスに取り組んでいます。コミュニティビジネスは，地域の資源を活用して，地域の課題を解決するものと考えています。ビジネスということはお金が動くということです。やりたいことをやる

のだったらボランティアでもいいのではとよく言われるのですけれども，ボランティアにはやはり限界があります。少し話が飛びますが，私はもともとはNPOで子育て支援の代表をしていました。それはボランティアでした。NPOをビジネスにすることはすごくハードルが高かったということもあって，今度始めるときは絶対に違う組織で，違う仕組みでやらないと続けられないというのもありました。

　ですので，今やっているでる・それと，NPOの活動は，生きがいとか豊かさというと同じですけれども，お金が絡むと責任とかリスクというのは全く違うと感じています。どちらが大事でどちらがだめということではなくて，どちらも経験して，「NPOでできることはこっちだな」「でる・それの企業としてやれることはこっちだな」と分けて考えています。もしかしたら，今後また時代が変わっていくと，もっとやりたいことが出てきて，別の組織でやらないといけないことになるかもしれません。

法人格の取得：企業組合でる・それ

　最初は，「つながる絆パーティー」そして，コミュニティカフェでる・それという任意団体だったのですけれども，いろいろな商品をつくっていくうちに法人格がないと，さまざまなところで信用に欠けます。生産物をつくったりしても，厨房の製造許可を「津軽鉄道」として認可を得ると，販売もでる・それではなく津軽鉄道が担っていることになってしまう。それだったらだめだということで，このクッキーを販売するときにも，製造許可をでる・それにしないといけないということになりました。やっていくうちに，その都度壁を乗り越えるというやり方で，最初からあまり遠くは見ていなくて，目の前にあるものを1つ1つクリアして，新しい扉を開けて進んで，また新しい扉を開けてという繰り返しです。1年半ぐらいしてから経営が安定してきたのと，もっともっといろいろなことにチャレンジできるなと思ったので，2010年（平成22年）8月に企業組合でる・それとなりました。

　石炭クッキーなどのオリジナル商品をつくっていますけれども，大きな工場を持ちたいとは思っていません。大きな工場をつくるためには，またいろ

第1章 人と地域がつながるコミュニティビジネス　　37

写真 2. 石炭クッキー

いろな試練があると思うのですが，自分たちの目の届く，手が届くということを大事にしたいので，本当に小さな経済活動でいいなと思っています。出資も労働も提供するということで，今，シフト制で5人とも労働時間も労働単価も違います。自分で休みたい日を要望できるのですが，働きながら自分磨きもできてというような経済活動です。当初の5人が理事ですけれども，アルバイトのメンバーも増えて，実質の運営は10人でやっています。

4. ネットワークで広がる絆

　でる・そーれを起業したときにさまざまな方たちと絆でつながってきました。でる・そーれを私たちがつくっていくわけなので，そのオリジナルをどういうふうにして売っていくかということも課題としてはありますが，でる・そーれというブランドをつくるときに，伝え方がやはり大事で，さまざまな方々とつながったことで相乗効果があったのではないかと思っています。

生産者とのつながり
　企業組合としてスタートしまして，改めてでる・そーれの目的を，地域の食材を使ってカフェを開く，さまざまな機会を通して交流をする，交流をすることで地域が活性化すると位置づけました。一番最初に考えたのは，生産

写真 3. 中まで赤〜いりんご

者の方です。場だけを指す言葉として、人々がいろいろな形で集まって、にぎやかにするということをコミュニティカフェと呼んでいるところもあって、食べるところなのか、人が集まるところなのか混乱しているような人も結構いますけれども、私たちは食べるということをまず前提にしています。その食べるということがお金につながります。交流はすぐにはお金につながらないので、そんなことで生産者を大事にするということです。

　生産者ということで一番最初に考えたのが青森シャモロックという資源です。津軽鉄道の沿線で育てている農場があって、県内 20 カ所の指定農場のみで育てられます。餌やりの方法とか飼育の状況とか、全部記録に残っていて、大事にされている青森の地鶏です。

　次に、でる・そーれ起業時から、赤〜いりんご「御所川原」の生産者の方とのつながりがあります。津軽鉄道沿線の毘沙門というところで、木村農園の一部を借りて始めました。赤〜いりんごの魅力というのは、花も赤い、実も赤いというだけではありません。生産者の人たちは、もうけるためとか美味しいりんごを作りたいという理由ではなく、地元の特産品をつくりたいと

いう思いでつくっています。そして，五所川原の特産品のナンバーワンである赤〜いりんごの品種名「御所川原」というのをとても大事にしているということです。

　私たちは農家の方とつながって，赤〜いりんご「御所川原」のジャムをつくっています。ジャムは木村さんのりんごを全量私たちが買い取ってつくっています。木村さんはいわゆる契約農家です。なので，安心して生産者の方たちもりんごを育ててくれているという状況にありますし，消費者の方がりんご園に行ってみたいと言えば，私たちがすぐ「赤〜いりんご御所川原」のりんご園にお招きしてつないでという形になっています。

　この他にも，いろいろな農家の方とつながっています。その中で，とてもポジティブな生産者の方が中泊町にいます。その農家さんは，ビニールハウスを4棟もっていて，そのうちの1棟でアスパラガスを栽培しています。ビニールハウスの中は廃油とりんごの剪定枝や間伐材とかを暖房の原料に使っています。これは，環境にもやさしい栽培方法です。このように環境にも配慮しながら営んでいる農家さんですが，すごく元気がいい人で，自分のつくっている生産物を誰にでも自慢します。これおいしいよ，これおいしいよと，なかなか自分のつくっているものを自慢できるのは難しいと思いますけれども，本当に自慢できるいいものをきちんとつくっているということで，学生や都会から来た人たちを受け入れてくれたりします。

お客さまとのつながり

　津軽鉄道，地元で「津鉄」と呼ばれているので，ここでの一押しのメニューということで考えました。コミュニティカフェの「コミュニティ」と「カフェ」という部分の「カフェ」でいうならば地域資源を活用したカフェで，「コミュニティ」というと地元の人たちがたくさん集まってきたり，サポーターズクラブの人たちがそこで会議を開いていたりとか，そういう意味で複合的な要素を生み出すような場になっています。

　カフェというと美味しくないといけません。今はたくさんカフェがありますけれども，いつも行きたくなるというのは美味しい場所です。食べ物屋さ

んはおいしいということが必須です。美味しくないところには行かないということもあって，辛口のお客さまがたくさんいて，ああしたほうがいい，こうしたほうがいいとか，本当にお客さまから教えられたことがたくさんあります。お客さまの動向を見て，ひょっとしてこんなことを求められているのではないかというのを考えて，またそれを現場に反映させています。

　起業当初は，津軽鉄道とJR五能線の利用者1日1,000人のうち20人利用してもらい，1人500円使って1日1万円の売り上げを成り立たせるためにどうしたらいいかと考えていました。でも，それでは成り立ちませんでした。どうしようかと思ったときに，加工品をつくろうということになって石炭クッキーをつくりました。石炭クッキーをつくって販売するということで，お菓子をつくったらカフェの売り上げと加工品の売り上げで二本立てになって，少し安定してきました。

　加工品をつくったのもお客さまから，もっとここならではのお土産はないのかと言われるようになったことがきっかけです。最初は行政の補助金などを使って，パッケージとかをつくりました。とことん地域の資源を追求していき，魅力のある商品ができました。

　カフェの売り上げは，暑い日もあれば寒い日もあって，お客さまが来る日もあって来ない日もあって，変動するのですけれども，加工品はわりと変動しません。1年間に何個売れるとか，1年間にどれだけ売ろうとか，こちらで結構コントロールできるので，経営として仕入れを幾らにして販売を幾らにするかということですごく計算しやすいです。でる・それが今日まで何とか経営できたというのは，オリジナル商品の石炭クッキーの販売が順調だったことと，年々，加工品が増えていったということがあります。

　最初は加工品をつくるということは全然頭になかったのですけれども，運営していく上でどうしたら成り立つか，黒字を出すために何を売ったらいいかとだんだん考えていきます。経営の勉強をするとわかると思いますけれども，粗利を出すということに注目します。何を売ればどれが一番安定するかということを考えるようになって，オリジナルの商品を早々につくって，でる・それをPRできたのはよかったと思っています。

津軽鉄道・津軽鉄道サポーターズクラブとのつながり

　津軽鉄道サポーターズクラブは2006年1月に立ち上がりました。サポーターズクラブが立ち上がった当初，津軽鉄道はすごく厳しい状況にありました。公共交通としては必要だけれども，赤字のローカル線でした。このまま津軽鉄道という地域のシンボルがなくなってしまったらどうなるかということもあって，自分たちの鉄道にしていこうという地元の合意形成をつくる必要がありました。

　2000年に，全国で相次いで鉄道事故がありました。そのときに津軽鉄道もほかの鉄道会社同様に国土交通省から枕木の交換を指示されました。ですが，そのためには膨大なお金がかかります。冬は観光客でにぎわっていても，そのほかの時期は利用者もそんなにいませんでした。そのため津軽鉄道には，枕木を交換するための経済的余力はなく，整備が追いつきませんでした。国からの補助金を受けるために，サポーターズクラブが協力しましょうということになりました。国の補助金を受けるためにはみんなの鉄道だという位置づけが必要だということでサポーターズクラブが立ち上がりました。85年間ずっと地域の経済と文化を支えてきた津軽鉄道がなくなったらどうなるのか，やはりシンボルをなくしてはいけないということで，あって当たり前，津軽鉄道が定時に走って当たり前という存在意義をもう一度再認識し，それが地域の活性化にもつながると考えました。一鉄道の事業者の問題ではないよねということに注目しました。

大学生とのつながり

　でる・それでは大学生ともつながっています。先ほどの農家の方に協力してもらって，法政大学の学生さんを冬に3泊4日で受け入れしています。学生たちは滞在中に津軽鉄道を軸としたまちづくりというのを学んでいます。ゲストティーチャーの方は地元の方ばかりです。例えば，立佞武多の館の菊池館長や，金山焼の陶芸家の方だったり，県庁職員の方がファシリテーターだったり，スコップ三味線の名人だったり，地元の人がみんな地元のよさを伝えるために先生になってもらって，いろいろなことを体験してもらっ

42　第2部　青森県で輝くじょっぱり起業家

ています。

　2009年から7年ほど続けてきて，東京からの学生が，「やっぱり冬の津軽っていいですよね」と言うようになってから，このプログラムをもっともっと広めたいということもあったのと，時代が地域，地方に流れてきたというのもあって，2015年に地域限定旅行業[6]という資格をとりました。それによって，津軽半島一体を周遊できるような限定旅行業の資格を得ました。これによって，でる・それが自らいろいろな方たちを対象とした観光を企画できるようになりました。

　この他に，弘前大学の学生さんともつながっています。最初にやってきた学生さんは，本当ににぎやかな学生さんで，でる・それのために石炭クッキーの売り上げを伸ばすいろいろなプロジェクトを考えてくれました。最初はクッキーを伸ばすのにもっとパッケージを変えたほうがいいのではないかと考えていました。

　学生の受け入れを始めた当時から考えていたのは，学生がまちづくりに参画することです。自分たちの住む町でなくても，自分のふるさとの町でも，どこでもいいのでまちづくりに興味を持ってほしいと思っています。あと，地元の大学と一緒に活動できるということは私たちにとってとても刺激になりました。五所川原には大学がありません。地元の大学生とコラボレーションしているということはすごくいいことで，地元の人からは何で若い人たちがいつも来るのかと言われて，誇らしく思っていました。

　このように学生さんとつながる場合に，目的として掲げていたことは，私たちとコラボレーションした学生の中から起業家を輩出するということです。起業家というと何かすごくハードルが高いように思えると思うのですけれども，いろいろなタイプの起業家がいて，一人でバンバン頑張れる起業家もいれば，私たちのように，仲間と一緒に身の丈のビジネスをする起業家も

6　地域密着（着地）型旅行の普及促進を図るため，2013年に観光庁が「地域限定旅行業」を創設した。地域限定旅行業は，地方の小規模組織・団体の旅行業参入を促すためにでき，限定された地域内での旅行の企画ができる資格である。

います。いずれにせよ，ビジネスのスタイルにはいろいろありますので，何らかの形で起業してほしいと思っています。

　あとは，学校から出ていろいろな人と触れ合うことで学生の経験値が高まると思いますし，自分たちのふるさとを知って，自分の小さいときに住んでいた町はどうだったかなと思い出してみる。多分，小学生のころと比べて10年たってだいぶ変わっていると思います。とにかく自分たちのふるさとを再確認するきっかけになる。このように，大学では私たちの知らないことを随分教えてくれて，情報発信も上手ですし，自分たちの実践の場にも生かせる仕組みで，この弘前大学と私たちのつながりは今，本当に力になっています。

　このような大学生との関わりで得たものは，学生が来るでる・それという信頼です。食堂として利用するお客さまも観光客も含めて，大学生が何かわからないけど地域の活性化に役立つように，でる・それに行って，にぎやかしをつくって，にぎわいづくりに関わって社会の価値を高めるというような場所になっているということです。私たちも学生が来るからどんな課題に取り組んでもらうのか，学生に私たちが経験したことをどんなふうに伝えるかという伝える作業をみんなで考えていかなくてはいけません。学生たちがよい経験を積むためには，まず私たちがよい情報提供や活動のための環境整備をしないといけません。私たちとコラボレーションする学生には経験値を高め，将来の希望につなげてほしいといつも思っています。

5. 最後に

仲間との起業

　私たち「企業組合でる・それ」は，仲間と一緒に起業しました。最近一番多い質問は，「女性同士でけんかしませんか」とか聞かれます。「けんかですか，けんかはしますよ」と。「仲間割れとかしないんですか」とか，すごい質問をされるので，「それは時と場合によりますけど，解決できています」と言っています。女性ばかりで運営しているので，よく聞かれる質問ですけ

れども，衝突はやはりあります。でも，それを正しい衝突にする，いがみ合いとかそういうことではなくて，なぜそのことが生じてしまったのかというその衝突をクリアにしていくということを大事にしています。そのために必要なのは，相手を尊重しながら自分も大事にするというアサーティブな話し方です。大事な相手だけれども，なかなか想いがうまく伝わらないというときに，自分の気持ちを抑えてしまうと，やはり後で後悔することがあると思うので，相手も尊重しながら自分も大事にして会話をつなげていくことが大事です。

　このほかにも，「仲間で起業するときの注意点は何ですか」と同じく起業しようとしている人たちによく聞かれます。今答えているのは，「依存しないこと」と言っています。仲間で起業して心強いけれども，経営しているのは私と思うことです。ときには自分がやりたいことをやっているかということが大事だなと思っています。5人の力を組織の力にして，組織の力をネットワークを広げてもっともっと地域の力にしていきたいと思っています。

でる・そーれのビジネスシステム：地域資源活用の仕組み

　六次産業と言われている農商工連携があります。その言葉は自分たちがつくって，自分たちが加工して，自分たちが販売する，ということを意味しています。ここで想定されていることは，生産・加工・販売を全部自分たちだけでやるということです。けれども，私たちはつくってもらう生産者がいて，自分たちで加工して自分たちで販売する。生産者がいて販売するというので，ここは六次産業とは違って，普通に呼ばれている特産品のつくり方とは少し違います。あくまでも生産者の思いがあって，あくまでも消費者の買いたいもののニーズがあって，その真ん中の必要とされていることを私たちがやっているという仕組みなので，自分たちだけで完結しないということにあえてこだわっています。

　生産者の人は本当に気持ちのよい人で，とにかくいいもの，美味しいものをつくりたい，それをきちんとわかる人に買ってほしい，それだけです。その中間をつなぐ役割なので，その思いをきちんと受けとめて伝える作業をし

ていきたいと思っています。

未来のでる・そーれ

　自分も豊かになるために交流していくということをしています。今考えているのは，コミュニティビジネスで始めたのですけれども，もっとビジネスを主体にしたコミュニティを逆につくっていく。お金の動きもあって信頼もあるというつながりをつくっていきたいと思っています。そこには，こういう思いがあって，徹底的に地域資源を探して，それをどんなふうに形を変えればいいか考えて，あとは行動に移すというサイクルでやっていきたいと思っていまして，みんながもうかる仕組みをもう一度地域の中につくっていきたいと思っています。

　私の座右の銘は，「意志あるところに道は開ける」ということです。こうしたいという思いがあると，次のドアが見えてきます。あそこのドアに行けば新しい何かがあるのだなと思っていますので，自分が取り組みたいことを素直に見ていきたいと思っています。大事にしているのは，普段からの会話でひらめくことがあるのですが，それを紙に書いて実践するということ，あとは，自分のやりたいことはもちろんですけれども，相手の希望や願いというのもあって，それを叶えることも同じくらい大事にしたいと思っています。誰でも何かやってみたいという思いがあって，でも，なかなか一歩進めないというのがあるので，私がやりたいことと合致すれば全然大丈夫ですけれども，そうではないときも，どうしたらそれができるのかなということを大事にしたいと思っています。

　おわりになりますけれども，コミュニケーション (communication) の接頭辞「com」というのは，何かを共に分かち持つことです。今ではいろいろなコミュニケーション方法があります。メールもあるし，LINE もあるし，面と向き合った対話もあるし，ジェスチャーとか手紙とか，いろいろな手法で人とつながることが多くできるようになったと思います。でも，なかなか通じない場面も一方ではあって，それに苦しんだりすることがあると思います。それでも，ずっとでる・そーれとしてビジネスを

やってきて大事にしたいと思うのは，一緒に喜ぶ，おもしろがる相手でいたい，誰かが勝手に何かを始めるのではなくて，それをやると仲間も喜ぶしみんなも喜ぶし，なんといっても笑えるよね，自分たちが笑顔になるよね，ということです。

笑うというのは大事ですよ。みなさん，笑っていますか。これまでもすごく困ったこともありましたけれども，最後は笑いに変えるということが大事です。お金がなくて経営が難しくて，預金残高が足りないといったときに，困って泣いてもしようがないので，みんな最後は，こんなもんだよねと笑ってしまうということがたくさんありました。共に分かち合うことを大事にしていけたらいいと思っています。そういう意味で，コミュニティをコミュニティカフェで新たに育んでいく。夢を形に，こうだったらいいなと思っていたことを今，実践しているのですけれども，時々初心に帰って続けていければいいと思っています。

もし何かやってみたいと思ったら，大なり小なり始めてみてほしいと思っています。やらないで後悔するよりは，やって後悔したほうがいいです。始めてみないとわかりませんので。もし時間があったら，ぶらりとでる・そーれに遊びに来てください。どんどん人の輪を広げていきたいと思っています。

（2016 年 11 月 7 日　弘前大学総合教育棟 401 号室）

【考えてみましょう】

(1) 起業前ならびに起業後のマネジメントにおいて，社会関係資本（ソーシャル・キャピタル）がどのような役割を果たしているのか考えましょう。

(2) チームを組んで起業することの意義は何か，個人で起業した場合と比較しながら考えましょう。

(3) 地域資源を掘り起こして起業するために求められる心構えや行動とは何か，考えましょう。

第2章	地域で経営すること
	集会所 indriya　大西　晶子氏

　青森県弘前市出身。弘前学院聖愛高等学校で教員を務めるかたわ
ら，2012年10月に「集会所 indriya」というカフェを，2013年1月
に SEEDS NETWORK という市民団体を設立。その後，2013年3月
に教員を退職し，集会所 indriya や SEEDS NETWORK の運営に専念
していく。集会所 indriya は肉や魚を使わないベジタリアンカフェ
に特化しており，青森県産，日本国内産の野菜を中心とした料理を
提供している。また，集会所 indriya は，カフェ事業に加えて，ヨガ，
ベビーマッサージ，アロマセラピー，こぎん刺し，編み物などに関
する多様な教室を開催しており，誰もが気軽に立ち寄れる場所，心
地よい時間を過ごすことができる場所になることを目指している。

1. 起業のきっかけ

人が集まることのできる場所の設立

　本日は「地域で経営すること」というテーマでお話しをさせていただきま
す。私は，2013年3月まで弘前学院聖愛高等学校で教員をしておりました。
現在は，紙漉町という弘前大学からは5分ほどの場所で「集会所 indriya」
というカフェを経営しています。

　高校で教師をしており，60歳の定年まで勤めるつもりだったのですが，
人生は何が起きるかわからなくて，運命の流れに従ったところ退職をして今，
なぜかカフェを経営しているという私でございます。

　どのあたりから自分の思い描いていた生き方と流れが変わったのかと振り
返ってみると，2008年ごろから，自分のため，自分と周りの友達のために，
ヨガやアロマセラピーなどを体験する教室の運営を始めました。外部から講

師を呼んできて，人を集めて，何か自分の仕事と関係のないことなどをやろうと思いました。その理由は，仕事があまりにも忙し過ぎて，物事をゆっくり考える時間がなかったからです。そこで，自分の身の周りにないことをやったらいいのではないかということでさまざまな教室を趣味で始めたのですが，それが意外に楽しく，さらにその教室を通じて人の輪が広がっていき，趣味でおさまらなくなりました。当初は趣味でさまざまな教室を運営していった結果，自分のやりたいことは自分にしかできないし，自分がやろうと思ったことはそのときにやったほうがいいんだなということを思いました。この経験から，人が集まることのできる場所をつくろうということで，集会所 indriya を 2012 年 10 月に設立しました。

　設立を決めたときは，スタッフを雇って，自分は大家みたいな立場で運営したらいいのではないかと思ったのですけれども，10 月のオープンに向けて準備をしているうちに，先ほど言った，自分のやりたいことは自分にしかできないのだということに気がつきました。そこで，2013 年 3 月に弘前学院聖愛高等学校を退職し，集会所 indriya に専念することにしました。

学級運営と会社経営の関連性

　今日の講義のテーマが「経営」ということなので，経営を軸にお話ししたいと思います。「経営」といいますけれども，私が教員をしていたときは国語科の教師でしたので，経営とか経営学とか，そういうものとは無縁の気持ちで生きていました。しかし，いざ「経営」とは何だろうかと考えたときに，学級を運営することも経営です。学級の運営は難しいです。今，学級崩壊とかありますけれども，教師が自分のクラス，30 人，40 人の生徒をどのように担当していくのか。その子の良いところをどうやって引き出していくのか。誰と誰が近くの席になったら相乗効果でお互いが良くなるのかということや，誰が級長になったらいいのか，ということを考えながら学級を運営します。この点を踏まえると，会社の経営も学級の運営と似ているところがあるのかなという気持ちです。そして，実際にそうした実感があります。

2. さまざまな事業の展開

各種事業の概要

　今日の講義のテーマではもう一つ「地域で」という枠があります。「地域で経営をする」，その目的は何なのか，何のために私は経営者という立場をとっているのか，どんな事業や組織運営を行っているのかということを中心にお話ししたいと思います。

　会社を経営するということは，やはり利益を生まなければ継続していくことができません。今回は，私がどのようなことに取り組んでいるのかということを具体的に見てもらいたいと思います。

　私が経営しているものとして，まず一つは，集会所 indriya というカフェがあげられます。実はこれだけではありません。2013 年 1 月から SEEDS NETWORK という市民団体を立ち上げており，この団体での活動もしています。こちらでも代表を務めています。その他に，「おしごと体験広場キッズハローワーク」という職業体験と遊びのイベントの実行委員会の運営も行っています。キッズハローワークの実行委員会は幾つかの団体が集まってできています。以上の点を踏まえると，私は集会所 indriya，SEEDS NETWORK，キッズハローワーク実行委員会という複数の組織を経営していると考えることができます。

　それぞれの組織は異なります。例えば集会所 indriya でしたら，私は個人事業主です。カフェには 6 人のスタッフがいて，6 人の雇用主でもあります。このカフェを継続していくためには，利益を生み出して給料を払ったり，仕入れをして販売をすることに加えて，自分の生活もするということもしなければなりません。SEEDS NETWORK は市民団体で，事務局には 6 人いるのですが，この 6 人は全員ボランティアで活動しています。ボランティアですから，金銭の絡みとか主従関係がないフラットな関係です。自主的な運営を目指しており，助成金に頼らずに事業を行って運営資金を賄っていくという方法をとっています。さらに，キッズハローワークの実行委員会ですが，こ

こでは複数の団体が協力しながら事業を行おうと，自分の団体の得意とするものを持ち寄った上で，実行委員会をつくり活動をしています。

なぜこれらの組織を並べたのかというと，それぞれにおいて人との関わり方が違います。金銭が絡んでいるかどうかということで，人間関係がかなり違います。例えば indriya であれば，雇用主と雇われている人というのは，その間に金銭が介在しているという関係があります。しかし，SEEDS NETWORK のように全員がボランティアであり無償で働くというフラットな関係だと，また関係性が違います。キッズハローワーク実行委員会のように幾つかの団体の代表が集まっているような場でも，人と人の関係が変わってきます。

結局，鍵になるのは人です。人とどのようにして付き合っていくか，そこでどういうやり取りをするのかということで，生み出されるものが変わってくると私は考えています。

集会所 indriya の特徴

具体的に説明をしますが，私が経営している集会所 indriya は，ベジタリアンカフェ，菜食カフェになっています。これはカフェを始めるときに，この辺には菜食カフェがないということで，肉や魚を使わないベジタリアンカフェに特化してやろうと決めました。食材にはこだわっており，青森県産，日本国内産の野菜を中心にしています。肉や魚を使わないかわりに，おからこんにゃくという青森県で生まれたおからとこんにゃくを合体させた食材を使ったり，大豆タンパクを使ったりしてタンパク質を補っています。お腹が満たされるような，毎日食べても飽きないような味を目指しています。

そしてもう一つ，教室の運営から人が集まる場所をつくろうと考えたと先ほどお話ししましたが，誰もが気軽に立ち寄れる場所，心地よい時間を過ごすことができる場所ということで集会所 indriya をやっています。

具体的には，今まで自分がやっていたもののほかに，ニーズに応えていろいろな教室を開催しています。ヨガとかベビーマッサージ，アロマセラピー，こぎん刺し，編み物などもある各種教室を定期，不定期に開催しています。

集会所 indriya は，いわゆるコミュニティ・カフェですが，コミュニティ・カフェといっても，おしゃれを追求しているところもあります。これに加えて，この地域で経験できないことは何かということを常に探しています。今，コミュニティといっても，以前であれば町会とか小学校区を単位とした小さなコミュニティがありましたが，暮らし方とか価値観が時代とともに変わっており，コミュニティのあり方も変わりました。コミュニティが崩壊したということを認めないこともできますし，再生したい，何とかコミュニティを再生しようという考え方もできます。さまざまな考え方があると思いますが，私はこの崩壊したコミュニティをまた元に戻せるとは考えていません。

では，どのようなコミュニティかというと，「テーマ・コミュニティ」です。好きなものを真ん中に置いて人が集まっていく。今まであったから，今までそうしてきたからという考え方に縛られずに，古くてよいもの，変わらなくてもよいものを尊重しながら，今，この時代を受容していくことで，今大切なものが見えてくるのではないかと考えています。何かしらのテーマを軸とした小さなコミュニティ，小さな地域を意識した運営というのを大切にしています。

SEEDS NETWORK の立ち上げ

次に，SEEDS NETWORK という団体についてお話します。これは 2013 年に「何かおもしろいことをやろうよ，大西さんも一緒にやらないか」と誘われて，「いいよ，やる」と安請け合いをして始めた団体です。青森県内でおもしろいことをやっている人がつながって，何か大きなものを生み出そうということで出発しました。しかしながら，すぐに頓挫しました。なぜかというと，先ほどお話ししたようにボランティアです。そこにお金を介した関係がないわけです。ボランティアなので，それぞれがやりたいことをやるという状況になりました。しかし，人をつなぐときには，何のためにやるのかという目的や手段を明確にして，それが共有できないといいことをやろうと思ってもなかなか難しくなります。

2013 年 1 月に集まり，団体をつくろうよと仲間内で話し合い，2 月に総会

を開きました。最初は NPO の法人格を取得しようと思っていました。そのためには設立総会が必要だということで総会を開催しました。その後 5 月に映画の上映会を行い，とても成功したので，7 月に次のイベントをやろうと思ったときには，先ほども話をしたようにボランティアの限界に直面し，組織は崩壊しました。1 月から始めて半年ほどで組織は半壊状態になりましたが，そこで改めて自分たちの目的とか手段とか，そういうものを明確にしてやってみようと考えました。この経験を通じて，今の事務局ができ，それがずっと続いています。SEEDS NETWORK は立ち上げから 4 年経過していますが，最初すぐに頓挫したおかげで今は順調です。

SEEDS NETWORK のイベント事業

　SEEDS NETWORK はさまざまなアプローチで，一人でも多くの人に楽しい気持ち，うれしい気持ちを届けていこうと，イベントを企画して運営しています。その一つが心技体の体験型イベントである「拓（ひら）く」というものです。これは大人がいろいろなものを体験してみる，自分の知らないことをやってみる，そういう機会をつくりたいと思い 2014 年から始めました。今は生き方に迷っている大人も非常に多くて，迷いがストレスになったりしているのではないか。何かそこを開く扉みたいなものになれたらいいということで始めました。40 以上の体験ブースから自分で選んで，大人が楽しむ。大人には子どももついてくるので，子どもも楽しめるようなイベントにしようと企画しています。

　また，「あおもりべじまつり」という食のイベントを団体を設立してから継続的に運営しています。これは食を真ん中において，いろんな人を集めたいということです。べじまつりという名前のとおり，ベジタリアンのおまつりです。東京とか名古屋とか京都にはありますが，これは青森県にはない企画です。それを青森でやろうということで始めました。ベジタリアンのお店は限られているので，普段は普通のお料理をつくっているイタリアンレストランや，和食のお店にもご協力いただいています。このイベントのときだけ特別に，肉や魚，動物性のものを使わない料理をつくって提供します。その

第 2 章 地域で経営すること　53

写真 1．あおもりべじまつりのイベントの風景

　他，あおもりべじまつりでは普段は革とかビニールとか，そういうものを使ってものづくりをしている人たちが，この日だけは天然素材にこだわったものづくりをする企画もあります。また，あおもりべじまつりの会場は青森市の商業施設「A-FACTORY」前のウッドデッキから，文化観光交流施設「ねぶたの家ワ・ラッセ」の広場となっており，その周辺のビーチもイベント会場としていることから，シーカヤック体験などを含めていろいろなことを楽しめる内容になっています。
　イベントには音楽も大事です。マンドリンの生演奏をしてもらって，流しています。「エコ・ベジ・ナチュラル」に特化したイベントだということで，スタッフは同じ緑の T シャツを着て動いています。
　楽しい，うれしいとか，そういう気持ちを共有できるイベントを開催していくことで，目の前の人を大事にしようということを目的にしています。

共生・協働という価値観

　SEEDS NETWORK のテーマは一つです。それは「共生・協働」です。これが軸になって私たちはつながっています。目の前の人を大事にするということにこだわっています。どうして目の前の人を大事にするかというと，2011 年の東日本大震災の経験からです。私は弘前市にいたので大きな被害はなかったのですが，あのときみんな，自分の家族や大事な人と一緒にいたとは限りませんよね。あのとき目の前にいた人が自分の運命の人だし，自分の目の前にいる人は，誰かにとって大切な人なのだということを痛いほどに感じて，とにかく今，自分の目の前にいる人を大事にしていこうと思い活動しています。

おしごと体験広場キッズハローワークの展開

　去年から始めた「おしごと体験広場キッズハローワーク」というイベントですが，偶然，弘前市の御幸町にある弘前厚生学院さんから，学校を使って何かイベントをやってくれないかという依頼がありました。弘前厚生学院さんは保育と介護の学校なので，みんながどこかでお世話になるような人材を育てています。だから，その場所で子ども向けのイベントをやりたいと思いました。そして，私が勝手に一緒に仕事をしてみたい，一緒に地域のことをやってみたいという人に声をかけて集まってもらい実行委員会を組みました。

　お仕事体験広場キッズハローワークを昨年の実行委員会で一回実施し，来年もやろうということで今年も 10 月 16 日に開催したのですが，大きなイベントになって，会場を移して聖愛高校さんの校舎を借りて開催しました。

　おしごと体験広場キッズハローワークは，子どもたちにいろいろな職業体験をさせるというイベントなのですが，ただやってもおもしろくないので，体験をさせる大人は全員本物です。その仕事でご飯を食べている，それを生業にしている大人が社会の仕組みを楽しんで子どもに教えます。ただのワークショップで，何か物をつくったらいいねとか，遊んで楽しかったらいいねということではありません。

第 2 章 地域で経営すること　　55

写真 2. おしごと体験広場キッズハローワークのイベントの風景①

　このイベントでは「おしごと手帳」というものを活用します。おしごと手帳は 1 冊 1,000 円で販売しています。この 1,000 円の手帳で 3 つまで仕事の体験をすることができます。手帳にはおしごとカードという簡単な履歴書になるカードがついています。今回は小学生が対象ですが，子どもが自分で仕事を選んで，履歴書みたいにおしごとカードを持って受付をします。子どもは仕事を体験するとスタンプがもらえて，このスタンプをハロー銀行という銀行に持っていくと，イベントの仮想通貨「ハロー」と交換できます。一つの仕事を体験すると 3 ハロー，三つの仕事をすると 9 ハローもらえて，この 9 ハローを使ってハロー広場というところで遊ぶことができます。このハロー広場には，ハロー美容室とかハロードリンクバーとか遊びのコーナーがあって，1 〜 4 ハローまでの価格がついています。子どもはその 9 ハローを自分で何にどのように使うか考えていきます。
　最近，世の中は無料とか安いものに慣れ過ぎていると思います。昔は無料

より怖いものはないといって，無料のものには気をつけろと教えられたものです。しかし今は，無料だったらやりたい，安かったらやりたいという状況です。実際に生きていくためにはお金がかかります。そこで，おしごと体験広場キッズハローワークでは，子どもにこの手帳を1冊1,000円で買ってもらい，1,000円の中でどの仕事をしようか，そして，もらったハローをどうやって使うかということを考えてもらう仕組みをつくって運営しています。

体験させる側の大人は全員その仕事を生業にしている人だと説明しましたが，その体験が始まったら必ず会社の朝礼のように，おはようございますと挨拶をして，自己紹介をしてくださいと大人の方々にお願いしています。具体的に，どのような仕事をしているのか，何のための仕事なのか，こうした点を大人から子どもにきちんと説明をしてもらっています。実際に仕事の中の作業を子どもにしてもらい，作業が終わった際にはまた集まって，今日はお疲れさまでした，仕事をしてもらって助かりました，などのように労をねぎらった上で，解散してくださいということもお願いをしてあります。体験の時間は，小学校の授業が45分なので，大体30分ぐらいで終わるように設定しています。子どもたちは必ずお仕事が終わった後，おしごとカードに感想を書いて提出するという，ちょっと面倒くさい仕組みになっています。

おしごと体験広場キッズハローワークにはさまざまな仕事があります。今回は，日本航空さんも協力してくださいました。パイロット，キャビンアテンダント，整備士の方が来て航空教室を開いてくれました。午前と午後2回，航空教室がありました。航空教室のお話の内容は結構難しくて，例えばパイロットはフライトの何分前に何をしているかを時系列で追っていき，フライト，飛び立った後，飛行機の中はどうかというところまで詳しく知ることができます。小学生にはちょっと難しいかなと思いましたが，子どもたちはきちんとメモをとって聞いていました。

このイベントでは，親と子どもを分けることをしていませんから，航空教室には子どもを連れてきた親もいたのですが，難しい話に飽きるのは親です。まだパイロットの方がお話しされているときに，親が飽きて出ていく。ほかのブースでもそうです。子どもはじっと待っているのですが，こんなには待っ

第 2 章　地域で経営すること　　57

写真 3. おしごと体験広場キッズハローワークのイベントの風景②

ていられないから違うところに行こうと親が言い出してしまいます。

　子どもはすごく真剣にやっています。アナウンサー体験もありました。「始めます」と言ってから発声練習をして、ニュース原稿を読みます。自分で言葉を足したりしてニュースの原稿をつくって、読む練習をして本番をするという流れです。この体験では、本番が終わった後に泣いてしまう子もいました。アナウンサーは公の場で話をする、書いてある原稿を読む仕事です。それが緊張する仕事であり、真剣にやらなければならない仕事なのだということが子どもに伝わっていました。最後に本物のアナウンサーが見本を見せたのですが、子どもたちは拍手をしていました。やっぱりプロはすごいと。そういうことを伝えられるのも、やはり本物に触れるからです。これが愛想のいいおもてなしであったら、涙を流したりだとか、心からの拍手を送ったりだとかは起きないのではないかと思います。

つまり，子どもたちに仕事を体験させる側も真剣だということです。例えば，建築家の体験では左官職人をやりました。壁塗りです。左官職人さんも本気で関わっていただき，小さな家をつくってきました。小さな家の外壁を子どもに塗ってもらう。ただのボードを塗るというのと違いますよね。真剣な大人に対して真剣な子どもがいる。子どもの真剣さに対して大人も真剣にやるということができるのがこのイベントの特徴だと思っています。

　私は，おしごと体験広場キッズハローワークは，ただの楽しいイベントではなくて教育だと思っています。アクティブ・ラーニングというのでしょうか。実際に子どもたちが自分でどの仕事をしようか考えて，そしてやってみて，それがどうだったかということまで検証する。ただの遊びにとどめるつもりはありません。本物に触れる機会も最近減っています。生活体験も減っています。いろいろなことを自分で考えてやってみるという経験をすることが大事だと思うので，このイベントを続けていきたいと思っています。

3. 人と人をつなぐもの

ネットワークの構築

　それぞれの活動の中で，スタッフと私の間をつなぐもの，簡単な思いだとかそういうことを，一言で伝えられるものが必要だと思っています。

　SEEDS NETWORK だと，共生・協働ということで事務局はつながっています。集会所 indriya でスタッフと私が共有しているのは，ここは誰が来てもよく来てくれました，ここで楽しい時間を過ごしてくださいね，ここはコミュニティだよということでつながっています。おしごと体験広場キッズハローワークは，「子どもは希望だ」という一言でつながっています。子どもは希望です。子どもを育むことは，町を，地域を，そして未来を創ることだという認識でやっています。子どもには，知らないことはまだまだたくさんあり，目の前にはたくさんの選択肢があります。その中から何をどのように選ぶのかはそれぞれの自由です。誰かがこうしなさいと言ったからそうしないといけないのではなくて，自分でいろいろなものから，好きなものを選ん

だらいいんだよということを子どもたちに伝えたいと思っています。

　未来というのは誰かに与えられるものだとは思っていません。未来は自分でつくるもの，切り開いていくものだという点を少しでも伝えていきたいということを事務局で共有しています。このように，共有するべき価値というのが非常に大事だと思います。これが人と人をつなぐ，同じ志を持った人をつなぐ接着剤になります。

　おしごと体験広場キッズハローワークでは多くの団体，人が関わっています。これらの人を動かしていくというのが私の仕事，経営することなのかと考えています。子どもは希望だということに，多くの人たちが賛同してくれました。その一言を軸にして，同じ気持ちで企画をやっていくことができています。

岩木山 YOGA FESTIVAL を通じた若手の育成

　おしごと体験広場キッズハローワークという子どものイベントに続いて，もう一つ始めたことがあります。2016 年から，岩木山の麓の桜林公園で「岩木山 YOGA　FESTIVAL」というヨガのイベントを始めました。これも実行委員会形式でやっています。代表は若い人がやっており，私はあくまでもサポート係に徹しています。どのようにしてイベントをつくっていくのか，何のためにやっていくのか，多くの人と一緒に一つのものをつくり上げるときにどんなことに注意したらいいのかということを若い人たちに伝えていかないといけないと思っています。

　きっかけはヨガの講師をしている安藤さんという人です。安藤さんにヨガのイベントをやってみたいと相談され，それではやってみようということで，もう一人，成田さんという人を紹介して，安藤さん，成田さんの 2 人でやってみてはどうかということで始めたのが岩木山 YOGA FESTIVAL です。

　これは桜林公園のなかで常にいろいろなスタイルのヨガを一日中やっているという企画です。一つずつ順番にやるのではなくて，一斉に幾つかのスタイルのヨガを行います。そして，東京から 1 人，佐藤ゴウ先生という人気のヨガインストラクターをお招きして，スペシャル・レッスンをしました。青

写真4. 岩木山 YOGA FESTIVAL のイベントの風景

森県内のヨガの好きな人や、インストラクターにとっても佐藤ゴウ先生のワークショップの仕方や、声のかけ方などは非常に勉強になったと思います。日本の最先端で活躍している人のすごさを目の当たりにするという機会にもなりました。こうしたイベントを若い人に担当させ、どんどん育てていこうと考えています。

得意分野を武器にすることを通した円滑な人間関係の構築

　私自身、とても大事にしていることは「良いと思うことをやる」という点です。基本に忠実に、一度始めたことは投げ出さないである程度のところまでやります。さらに、ごまかさない、後ろめたいと思うような状況をつくらない、人と目を合わせられないような状況は絶対につくらないようにしています。自分が納得してやるということを大事にしています。

　相手を知ろうとすることも大事です。嫌な人や苦手な人はいます。ただ

し，なるべく相手を見て，知ろうとしています。同じ人間だし，きっと私が
こんなに嫌だと思っているということは，相手も同じように私のことを嫌だ
と思っているに決まっています。そこを何とかやわらかくするためにはどう
したらいいかということで相手のことを見ます。お互いに納得して良い関係
をつくっていくことがビジネスの場合とても大切です。一緒に気持ちよく仕
事ができる人とは，やはり長く付き合えますし，プライベートでも付き合い
ます。ただの仕事仲間では終わらずに，信頼できるから，長く付き合ってい
けます。なるべく仕事の中でそういう関係をつくっていくように心がけてい
ます。

　また，自分の得意分野をはっきりさせておくことも大事だと思います。今，
好きなことを仕事にするであるとか，好きなことだけをやることもあります
が，自分の好きなことと得意なことは違ったりします。そんなに好きではな
いけれども，人よりうまくできることもありますし，好きだけどそんなに上
手にできないこともあります。得意なことは大事です。好きではなくてもう
まくできること，それを持っている，それを知っていることは武器になると
思います。自分の得意なことは必ずあるはずです。自分の得意なことは何か
ということを一つでも知っていると，それを使って友達をつくったり，仕事
にしたりもできます。

　なぜ得意分野をはっきりするかというと，簡単ですが，人間ですから楽し
く生きたほうが良いです。楽しく生きるためには，周りの人と円滑な関係を
結べたほうが良いのではないでしょうか。その際に，自分の良いところを出
していこうとするのが大事です。自分の良いところは，好きなこととは限ら
ないわけです。得意なことや得意だと意識していなくても，ちょっとよくで
きることなど，そういうところを発揮していくことで，周りとの関係は円滑
になります。

　社会に出たら好きとか嫌いとか，そのようなことが関係ない場合が多いで
す。嫌でもやらなければならないことはあります。また，好きだからとこと
んやれるかといえばそうではないこともあります。しかし，自分の得意なこ
とを生かしていくと考えると，それが自分のためにならないかもしれないで

すが，誰かのためになり，その人が喜んでくれるかもしれません。それは嬉しいことです。こうしたことを自分の喜びに変えて，モチベーションを高めていくというやり方があります。そのためには，繰り返しとなりますが，得意分野をはっきりさせておくことが大事です。

　私が考える経営の一番大切なポイントはいつも同じ自分でいるということです。オンやオフはありません。もちろん，休んだり，キビキビ動くなど，そういう意味でのオンとオフはあります。例えば，会社だからこういうイメージの自分でいる，友達の前だからこういう自分でいる，一人のときだとこんな自分でいる，などのように，シーンごとの自分をつくらないこと，常に同じ自分でいることを心がけています。これが私がしている「自分マネジメント」です。嘘偽りのないまま，少しへなちょこなまま生きている部分もかなりありますが，それでもいいですし，そこを無理して頑張ったら必ずどこかにひずみが出ます。ひずみが出るようだったら，みんなが見ている前で失敗したほうがいいのではないかと思っています。

　なぜいつも同じ自分でいるかというと，これは絶対に本物であり，本当の私だからです。すばらしく誰かに褒められる状態とかそういうものでなくてもいいから，自分もいつも本当の自分でいたいと思っていて，いつも失敗ばかりしています。

　そして，本当のことは揺るぎないということを100％信じて，自分を生かす道を探る。突き詰めていくと，目の前の人，コト，ものを大切にしていくことが大事だなと感じています。自分を信頼していつも同じ自分でいるという段階から，次のステップ，人を生かしていく段階につながります。私は今，この段階です。皆さんは多分，まだ自分を生かしきれていないから，自分を生かしていくにはどうしたらいいか，自分の得意なことは何か，好きなものは何かを探している途中かもしれません。

　それは似合う服と好きな服が違うということや好きな髪型と似合う髪型が違うとかと同じことです。得意なことと好きなことの関係はそういうイメージです。まだ学生のみなさんは若いから，自分にどんな服が似合うのか，どんな髪型が似合うのかということを研究していく段階です。まだ出会ってい

ない好きなものや得意なものを，これからたくさんの選択肢の中から探して
いけばいいのです。

　自分の得意なものを見つけたら，それは自分の強み，武器なのだと思って，
どうやって使おうかなと考えるといいと思います。好きなこと，やりたいこ
とだけを突き詰めていくことも良いですが，得意なこと，生かしていけるも
の，誰かの役に立つことを探してそれを使っていくことも重要です。そのよ
うなことができるようになると，次のステップに進んで，必ず相手の目線で
考えることができるようになります。目の前の人やそのことを大切にすると
きにも想像力を豊かにさせる必要があります。

集会所 indriya のスタッフの成長

　結局,「生きる」ということに尽きると思います。集会所 indriya にはスタッ
フが6人いますが，そのうちの2人はオープンしたときからずっと勤務して
います。主婦のパートです。私はずっとフルタイムで働いていて，友達もみ
んなフルタイムで働いている人ばかりでした。今，ワーク・ライフ・バラン
スと言っていますが，それは実現できていなかったですし，仕事優先で生き
ているような人が周りにいました。集会所 indriya ではじめて主婦のパート
さんを雇用しましたが，彼女たちも徐々に成長していきました。

　例えば，仕事の報告に関して，パートさんからは必要なところだけ話して
ほしいのですが，そうではないのです。当初，仕事の報告にいろいろ付随す
ることが多すぎて，大変だなと思ったのですが，そういう人たちが自分の得
意なことに気がつき，仕事に慣れだすようになると，変わっていきます。ど
こが必要か，どの部分の情報を私が求めているのかということを考えて報告
してくれるようになりました。今は言わなくても何でも，これ用意しておき
ましたとか，これ必要ですよね，とやってくれるようになりました。

　その人が，自分で上手ではないと思っていたことが上手にできるのだとわ
かったり，自分にこの仕事が向いているかもしれないと思ったことによって，
変わっていきます。人が変わっていくと，その隣の人，目の前にいる人，周
りの人が変わっていきます。みんなが生き生きと，自分の生きている今日に

満足していくことは非常に大事です。そのマネジメントを担うことが私の一番の重要な役割と思い，いろいろな団体で活動していく中でそのことを心がけています。これからはもっとより多くの人が自分のよいところを生かしていけるような仕組みをつくっていくことをやっていきたいと思っています。

30代くらいの人たちが，自分である程度仕事も頑張ってきたし，何か人のためにやっていきたいと考える段階に入った人たちに，どんな心構えで，何を大事にしていったらいいのかを学んでもらうように，手取り足取り教えるのではなくて，自分で考えてもらうような仕掛けをしていきたいと考えています。

4. 最後に

今後の方向性

以上のように，経営していくこと，地域で経営することは，地域をつくっていくことだと思います。教員をしていたときは，「地域をつくる」ということは全く考えたことがありませんでした。学校にいて子どもを育てているのに，この子どもたちが育ったら町がどうなるのかとか，自分の生活がどう変化するのかとか，そんなことは全く考えていませんでした。それこそ目の前にいる生徒が，例えば就職したい，大学に行きたい，専門学校に行きたいとなった際に，そのたった一人の人がその後どうしたらいいのかということは考えていましたが，もっと広い視野で捉えるということはしていませんでした。

大人になりものの見方は変わることがあるし，考え方が変わることもあります。また，右から行ってだめだったら前から行ってみようかなとか，前から行ってだめなら後ろから回ろうかなとか，そういうやり方もあるのだということも学びました。その上で，これからは何が大事かと考えてみますと，人が大事なので，人を育てていくということを重視したいと考えています。人が何かに気づくきっかけや仕掛けをつくり，例えば，私が住んでいる弘前市や青森県が明るく楽しく，みんなが気持ちよく過ごせるところになったら

第2章 地域で経営すること　*65*

いいなと，そういうことを目指して活動していきます。

　それから，2014年10月に大学院に入りました。なぜ大学院に入ったのかといいますと，いろいろな活動をしていて壁に直面したからです。そうした壁を乗り越えていくためには，自分で体力をつけないといけない，説得力ある人間にならないといけないと思いまして，一から勉強をし直そうと考えました。そして，わからないことをどんどん学んで，それを生かしていこうと思い大学院に入りました。

　大学を卒業してからずっと，いくら学校で授業していたといっても，勉強をする頭になっていません。授業を聞いていてもすごく疲れるし，全然わからないし，言葉は覚えられないし，大変でした。知らない分野のことを勉強していると思ったら全然頭に入らないし，考えられません。そこで，考え方を変えて，教材研究をしているつもりになることにしました。今大学院の授業で取り組んでいるこの本は国語の教科書に載っている評論文だと思うと，意味がわかります。苦手だなと思っているとできないのですが，少し得意なほうに引っ張ってくるとわかるようになるのだなと思って勉強しています。修士論文の完成を目指し，頑張っていきたいと思います。

（2016年10月25日　弘前大学総合教育棟401号室）

【考えてみましょう】

(1) 実際に起業して事業活動を展開していくためには様々な人や組織の協力が必要となります。そうした人や組織の支援を得るためにはどのようなことが起業家には求められるのか，考えてみましょう。

(2) 起業家は組織のメンバーを育て，動機づけていくという重要な役割を担うことになります。そこで，本事例を踏まえながら，組織のメンバーを育てていく際のポイントは何か，考えてみましょう。

(3) 地域で起業して事業活動を進めていく上で，直面する課題にはどのようなものがあげられるでしょうか。他の事例も調べつつ考えてみましょう。

66 第2部 青森県で輝くじょっぱり起業家

第3章 弘前市民球団 弘前アレッズの役割

弘前アレッズ球団 久保 良太氏

弘前市出身。株式会社小林紙工において専務取締役を務めるかたわらで,「弘前のチームからプロ野球選手を輩出」「日本一」を目指して2012年1月に弘前市民球団「弘前アレッズ」を創部。弘前アレッズ球団代表を経て,2018年1月より同球団監督兼代表となる。
なお,弘前アレッズは2017年に地域活性化・地域貢献への活動が高く評価され,クラブチームとしては史上初の「地域の元気　総務大臣賞」を受賞している。

1. はじめに

私は弘前市民球団プロジェクト「弘前アレッズ」の代表をしております。チームは今年で5年目のシーズンが終わりました。来年6年目のシーズンを迎えることになります。なぜこのようなチームをつくったのか,このチームは何をしているのかということをお話をさせていただきたいと思います。

まずは,私の自己紹介からさせていただきたいと思います。1977年生まれ,現在39歳です。弘前の小学校,中学校を卒業して,弘前高校に入りました。弘前高校硬式野球部卒業とあえて説明いたしますが,私はほとんど勉強をしていませんでした。私の父親はすごく厳しく,とにかく文武両道としか言いませんでした。そのため,野球もうまくないといけないし,勉強もできないといけないしということで,正直,すごく苦労しました。野球は好きだったのでいいですが,勉強ではすごく苦労しました。弘前高校に入学後も,野球に集中しており,いかに卒業するのかを考えていたという状況でした。

弘前高校の学生はほぼ進学しますが,私も大学を記念的に受験はしました。

ただし，記念ということもあり，全て大学は落ちてしまいました。その後，高校を3月に卒業して，4月から10月まで，地元でアルバイトをしていました。その理由は，10月に社会人野球のテストを受けるためでした。このテストを受け，会社に入れば野球をやりながらお金をもらえるということでした。

当時，朝，新聞配達をして，帰ってきて朝ご飯を食べた後，現在所属している会社ですが，小林紙工という会社に行きまして，倉庫の整理，とにかく体を動かす仕事をやらせてほしいということでお願いをしました。そこでは倉庫整理をして，15時に上がり，それから母校，弘前高校の野球場に行って高校生と一緒に練習をするという生活を4月から10月まで続けました。

ただし，10月に試験を受けましたが，野球の試験も落ちまして，アルバイトをしていた小林紙工という会社にそのまま入社しました。そして今に至るということです。

2. 弘前アレッズとして取り組むべき課題

物事の捉え方・意識の変化

私は探せばどこかの大学には行けたと思っています。県外でもどこでも，行けたと思っています。しかしながら，今思えば行かなくてよかったと思います。私には兄がおり，次男ということで，県外の大学に行っていたらその大学の近辺で就職をして，こっちには戻ってこないだろうなと思っていました。弘前に在住してよかったと思うのは，同期の大学生たちと会ったりするときも，みんな楽しい話をしてくれることです。ただし，その反面，それがすごく嫌だと感じることもありました。周りにも弘前高校を卒業して大学に行っていないということを隠すようになりました。少しコンプレックスになりました。しかしながら，あるときからそれが変わりました。私の同期たちは大学に行って，4年間勉強をしているでしょう。もちろん遊んでいることもあると思います。一方で，私は人より4年早く社会に出たのであれば，その社会のことを学ぼうと考えました。社会人としてどうあるべきかというこ

とを大学生が学べないうちに私が先に学ぼうと思うようになりました。それからは，弘前高校を終わって，大学に行かないで就職したということに対するコンプレックスがなくなっていきました。

　会社に入れば会社の中でもいろいろなこともあります。例えば，同期が集まってくると，こんなことやりたいよね，あんなことやりたいよね，ということがたくさんあると思います。私は，ただ物事を，こんなことをやったらいい，こんなものがあったらいいと思うのではなく，そう思ったら，まずは自分で率先して動いてみるということが大事だと考えるようになりました。それから私の周りの環境がさまざま変わっていくことになります。

　私は会社に入って20年たちまして，今現在，経営の立場で会社を運営しておりますけれども，さまざまな本や経営の雑誌等を読んでいます。その中で自分が気になるなとか，いいなと思う言葉をメモしたり，とっておいたりしております。

　例えば勇気をもらった言葉としては，「知っているとできているとは違う」というものが挙げられます。いかに物事を知っているだけではなく，行動できる人間になるかが大事ではないかと思っております。これが私に勇気を与えた言葉の一つ目です。

野球界の現状と弘前における少年野球の状況

　ここから，今，野球界が抱えている問題ということで，弘前アレッズの話の前の段階になりますが，野球界はいろいろな問題があります。その中でも一番大きな問題は子どもの野球競技人口の減少です。この要因は，少子高齢化ということで人口減少が挙げられます。もう一つは，サッカー，バスケットボールなどの他のスポーツの人気です。特に，Ｊリーグが立ち上がってからはどんどんサッカー人気が増えています。また，野球の場合は，道具などにお金がかかります。私はサッカーをやったことがないのでわからないですが，サッカーはユニフォームとボールがあればいいのかなと。もちろん，他の道具も必要になるとは思います。一方で野球の場合は，ユニフォーム，帽子，グローブ，バット，ボール，いろいろなものがあり，やはりお金がかか

第3章　弘前市民球団　弘前アレッズの役割　　69

写真1. 講義時の風景

ると言われております。こういう道具の費用という点から，野球の競技人口が減ってきているのかなというのが実情だと考えています。

　しかしながら，野球の競技人口が減少している一番の理由は，学校教育の環境の変化ということが挙げられます。現在，小学校での野球の活動は，クラブという枠組みで行われています。昔は，私のころもそうでしたが，小学校では学校の先生がそのチームの監督となり，子どもを指導していました。ただし，今は，特に弘前はスポーツ少年団ということでクラブチーム化をしています。

　クラブチーム化による課題とは，学校による指導ではないため，親御さんの負担が増えるということです。昔，学校の先生が部活を通して指導していた時代は，子どもが自分で歩いて学校にある野球のグラウンドまで行って，終わったら家に帰るということが当たり前だったと思います。しかし，今は，小学校の子どもたちが減ってきているため，一つの野球チームをつくるにも

2校，3校が一緒になってチームをつくらないと野球チームはつくれないという状況になってきています。そのような状況になると，学区を超えて練習のためのグラウンドに行かなければいけないことになります。その結果，親による子どもの送迎という問題が出てきます。夕方，学校が15時過ぎに終わって，野球のグラウンドまで毎日親御さんが車で子どもを送っていかないといけません。練習が終わったらまた子どもを迎えに行かないといけないということが今現在起きている状況です。また，練習補助，試合時の引率なども課題の一つです。これも学校の指導ではなく，親御さんが指導しているということで，どなたかのお父さんがそのチームの監督をやっているというのが現状です。

　こうした状況が続くと，指導者のレベルという問題が出てきます。そのときの選手の親御さんが指導することによって，子どもの卒業とともに指導者も卒業，いわゆる監督も卒業していくという状況になっています。野球界もいろいろな勉強をしていかないといけません。例えば，トレーニングの方法や，その考え方など昔と今は若干違うところがあります。親御さんも仕事をしながら合間を縫って監督業をやりに来るということで，なかなか指導者のレベルが上がらないというのが実情であります。

　さらに，先ほどの送迎ですが，例えば土日に野球の試合がある場合，サービス業に従事しているお父さん，お母さんは土日に休めないわけです。そうなると，近所の友達のお父さん，お母さんに送迎をお願いするということがあります。

　ここまで来ると，親の都合で子どもに野球をやらせたくないということが今，起こってきています。子どもは野球部に入りたいといっても，親の負担がこんなにあると，親御さんは子どもに野球ではなくて違うスポーツをやればいいのではないか，違う部活に入ればいいのではないかということを考えるようになっています。これは子どもたちの将来のことを考えると，野球をやりたいという子を増やしていかなければいけないし，将来，プロ野球選手になりたいという子も増やしていきたいと思っています。しかし，野球を取り巻く今の環境によって，野球をやめざるを得なくなっている子どもたちが

いるというのが現状だということです。この弘前アレッズとしても，何とか
それは今後考えていかなければいけない課題だと思っています。未来のある
野球少年たちの環境を何とかしたいと考えています。

　ここで私に勇気を与えてくれた二つ目の言葉を紹介します。それは，「たっ
た一人でもいい。誰かの人生に良い影響を及ぼす人になりたい」というもの
です。これは私自身が今，そう思っています。大きなことはできないと思っ
ています。おかげさまで，弘前アレッズは5年目を迎えましたが，誰にどの
ような良い影響を与えているのかということは私も把握できていない部分が
あります。ただし，たった一人でもいい，誰かの人生に良い影響を及ぼす，
自分のためだけではなくて誰かのためになるようなことをしていく，そんな
人生もいいねと思い，この言葉を紹介しました。

　そして，弘前市民球団として立ち上げたチームとして何をしていくべきな
のかということで，まず一つ目は，勝利至上主義ではない野球の環境をつく
ることです。小学生の野球を見ていても，もちろん，スポーツですから勝ち
負けはあるのですけれども，すごく勝ちにこだわっているチームが多いです。
勝ちにこだわるチームが多いとどうなるかというと，例えば，小学生でいい
ピッチャーが一人いたとします。いいピッチャーがいて，その子が投げれば
勝てるとなると，勝ちたいので，毎試合その子に投げさせたくなります。小
学生は，自分で自分の限界を知らないので，監督さんから投げろと言われる
と，いくらでも投げたくなります。その環境を私たち大人がセーブしていか
なければいけません。勝てばそれでよいのかということについては，企業も
一緒ではないかと考えています。会社も，自分の会社さえよければいいとい
うことではなくて，やはり周りの環境のことを考えつつ会社の経営もしてい
く必要があるのではないでしょうか。ここは野球と企業がリンクする部分で
はないかと思っています。

　弘前アレッズとしてやるべき三つ目は，アレッズを卒業した選手たちが，
その後は子どもたちの指導者になるという取り組みです。先ほど，子どもの
親御さんたちが監督をやっているということを説明しましたが，子どもが卒
業と同時に監督も卒業という環境ではなくて，今，私たちのチームにいる選

手たちが，選手としてやれなくなったときは，ぜひ子どもたちのスポーツ少年団のチームの監督にしていきたいと考えています。現在，弘前アレッズの選手たちを，指導者になるような教育もしているという状況です。

　弘前アレッズの第三の取り組みは，子どもたちの新しい野球環境を創出するということです。親御さんの負担をなくすクラブチームの運営ということが，これに該当します。子どもの送迎の問題や，親御さんが練習の手伝いをするなど，そういうことがないような野球のクラブチーム，小学生のクラブチームはつくれないのかということを計画しています。ある程度，頭の中では構想ができています。あとはサポートをしていただける人員や，資金的な問題をクリアしていかなければならないと考えています。

　そして第四に，子どもたちの憧れの選手，人になるということを弘前アレッズの取り組むべき目標に掲げています。大きくなったら弘前アレッズで野球がやりたい。子どもたちが弘前アレッズの選手を見たら，格好いいなと思われるような選手，または人になっていかなければなりません。こうした四つの点が現状，チームとしてやっていく必要のあることだと考えています。

3. 弘前アレッズの創設

球団創設の契機

　それでは，弘前アレッズという球団を創設しようと思ったきっかけを説明します。実は，球団をつくろうと思ったのはすごく単純な話です。私は十数年間，全弘前倶楽部というクラブチームで選手としてプレーをしていました。あるとき，そのチームの運営を手伝ってほしいと言われまして，運営側に携わっていました。そこで社会人野球がなぜこんなにお客さんが入らないか，魅力がないのかということについて，いろいろと見えてくるものがありました。私は選手時代，観客席がガラガラの中でいつも試合をしていました。そんなつまらない野球はないですよね。とにかくお客さんをたくさん入れる何かをしたい，そこがきっかけでした。

　2011 年に東日本大震災がありました。これを機に全弘前倶楽部において，

第3章 弘前市民球団 弘前アレッズの役割　　73

復興支援や試合など，大会を開催したらお客さんが来るのではないかと考えました。とにかくお客さんを集めたいという思いだけでした。スポンサーをつけたりとか，さまざまなことを今現在やっていますが，球団を創設しようと思った一番最初は，とにかく球場をお客さんでいっぱいにしたい，そのために何をしたらいいかということがきっかけでした。これも全弘前倶楽部で，みんなで飲みながら話をしたのですが，みんなそういう想いについては話をします。ああすればいい，こうすればいい，イベントをやればいい，何かおもしろいことをやれば人が来るのではないか，強くならないといけないなど，いろいろなことを言います。しかし，それらを実現するために新しくチームを立ち上げようと提案すると，みんなそれは自分にはできないと言うのです。そのような状況になると，私は自分でやろうという気持ちにいつもなります。誰かからできない，無理だと言われると，無性に何とかしようと考えてしまいます。こうした中，弘前を代表するようなチームをつくれないかなと，その可能性を模索するようになりました。

　小学校も中学校も高校も野球部がありますが，地域のみんなが，市民が全員で応援するチームをつくるとなった場合，これは社会人野球なのではないかと思いました。例えば，高校野球でも皆さんそれぞれ母校があると思いますし，母校は応援するでしょう。もしくは，知り合いの方がいる高校は応援するでしょうが，その他のチームは応援しないと思います。ただし，社会人野球だったら，市民が一体となって応援していただけるチームをつくれるのではないか，そのような想いで弘前市民球団はできないかと考えました。これが球団を創設するに至ったきっかけです。

　どのようなチームにしようか，いろいろなことを考えました。実は計画してから，約半年ぐらいの間で，私はチームの基本方針や予算など全て策定し，来シーズンからスタートしようということで，パッと立ち上げてしまいました。確かに準備不足ではないかとみんなに言われましたが，やりながら考える，とにかく活動していきたいということでスタートしました。この半年間は常に，仕事が終わって家に帰ったら夜中まで資料づくりでした。どんなチームにしたい，こんなチームがあったらいい，こういう活動をしたらお客さん

が集まるのではないか，どういうふうにお金を集めるべきなのか，そのような作業を続け資料を作成していきました。その結果，弘前アレッズというチームが立ち上がっていくことになります。

野球界の組織と社会人野球の現状

野球界の組織について簡単に説明をします。ご存じのとおり，野球界には一番上にプロ野球があります。その次に独立リーグがあります。これもプロのくくりになります。そして，その下が私がやっている社会人野球というものです。そして，社会人野球にも企業チームとクラブチームの二つのパターンがあります。企業チームというのは，日本生命とか日立とか，企業がお金を出して野球部をつくっているのが企業チームです。クラブチームというのは，ほとんどが任意団体です。一部NPO法人をとっているところもありますが，選手が地元のさまざまなところで働きながら野球をやっています。クラブチームの場合は，ほぼ給料はありません。基本は自分が勤めている会社で稼ぐということになります。社会人野球の下には，大学，高校，その他と続くことになります。これが野球界の組織となっています。

それでは，社会人野球は今現在どうなっているのか確認します。全国で活動加盟チームは354チームあります。そのうち会社で野球部を持っている企業チームが86チーム，そして，弘前アレッズと同じくクラブチームは268チームというのが今の現状です。ちなみに，20年前，まだ景気がよかったときはどうだったかというと，活動加盟チーム数はそんなに変わらず317です。ただし，大きく違うのが企業チームです。20年前は148チームあり，多くの企業が自分の会社で野球部を持っていました。一方で，クラブチームは169しかありませんでした。このデータを見ると，世の中の景気にこれだけ野球も左右されているということがわかります。クラブチームが大幅に伸びた理由としては，会社で存続が不可能となった企業チームがほとんどクラブチーム化をしているということが挙げられます。現在は企業チームが減り，クラブチームがかなり増えています。社会人野球は現在このような状況です。

また，青森県の社会人野球の状況を見てみましょう。青森県には自衛隊青

森という企業チームが一つ，青森市にあります。クラブチームも5チームしかありません。このうち青森市の一つのチームが休部しているということで，現在，青森県内には社会人野球チームが5チームしかない状況です。

　企業チームの抱える問題，会社で野球部を持っている問題としては，企業内のリストラや経費削減によって野球部が廃部に追い込まれるというものがあります。野球をやりたくても，会社の方針として野球部にお金をかけられないとなると，廃部ということになります。チームによってばらつきがありますが，企業で野球チームを持って運営する際に約1億円のお金がかかると言われています。一方で，弘前アレッズのようなクラブチームの抱える問題は以下の通りとなります。まず，運営資金の問題です。企業チームの場合，会社からお金を負担してくれますが，クラブチームは財源がありません。次に，専用グラウンドの確保という問題が挙げられます。練習したり，試合を行うためのグラウンドなど，自分たちの専用の場所がないという問題です。さらに，選手の休暇の確保も問題です。先述したように，土日に仕事があったり，夜勤があるなど選手はさまざまな仕事をしているため，休暇を確保しにくいという問題があります。これらがクラブチームが今抱えている問題になります。

弘前アレッズの目標

　私に勇気を与えてくれた三つ目の言葉を紹介します。それは，「批判を恐れて無難に過ごすよりも，挑戦して失敗して怒られたほうがずっといい」という言葉です。何かやろうとすると批判をされるのは付き物だと思います。私もこのチームを立ち上げるときに，いろいろな関係者から批判されました。そんなチームは無理だとか，お金をそんなに集められるわけがないとか，さまざまなことを言われました。ただし，私は先ほど言ったとおり，誰かに無理と言われるとやりたくなってしまう性格なものですから，まずは挑戦してみようと考えました。そして，失敗したとしても，なぜ失敗したのかをじっくり検討することを繰り返していくと，自分がやりたいことはできていくのではないかと思っています。誰かがやってくれるのではないかと期待するの

写真 2. 弘前アレッズの練習風景

ではなく，誰もやらないのであれば自らが手を挙げてやることは大事ではないかと考えています。

　そのような批判を受けながらも，2012 年 1 月 21 日に弘前アレッズを設立していきました。弘前アレッズは，弘前市民や企業の皆様から愛され，支援していただきながら運営をしている社会人の硬式野球クラブです。多くの方に応援をしていただいております。今年はユニフォームも新調しました。そして，今年から，チームのジャンパーにスポンサー名を全部入れています。地元の会社のスポンサー名を入れさせていただきました。集めたお金で今年，選手 23 名分のユニフォーム，ホーム・ビジター 2 着分上下，長袖のジャンパー，半袖のジャンパー，練習のときに着る T シャツ，バッティングのときに使うヘルメット，さらには移動のときに荷物を入れるショルダーバッグ，全てスポンサーの協賛でつくらせていただいています。これらの費用は約 200 万円であり，チームを立ち上げて，今年初めてユニフォームや備品をチームから選手に支給するということをしました。過去 4 年間は，ユニフォームはじ

めショルダーバッグも全て選手の自己負担でやっていました。うちのチームは平均年齢が22歳ということで，非常に若いチームです。高卒もいれば大卒もいますが，当然，給料はそれほど高くありません。その中で全て揃えるというのは厳しいのではないかということで，地元の企業スポンサーの応援を受けています。各社から快くユニフォームなどにネームを入れさせていただき，お金をいただいた上で，選手のユニフォームや備品などをつくっているという状況です。

　現在，弘前市出身で高校，大学において野球をしている選手が就職のために県外へ移住している例があります。弘前市民球団を設立することによって，弘前市で働きながらでも，夢であるプロ野球選手になることを追い続ける環境を提供し，この弘前市で生まれ育った選手を弘前市のチームからプロ野球選手として輩出するという目標を掲げて弘前アレッズを設立しております。

　弘前アレッズのチームの目標は，クラブチームの日本一です。クラブで日本一を取るということがまず一つの目標です。そして，弘前アレッズからプロ野球選手を輩出することも目標に掲げています。その他，都市対抗野球，全国大会への出場も目指しています。都市対抗というのは，企業チームもクラブチームも合同になって行う大会です。企業チームというのは野球が仕事ですから，レベルが高いです。私たちクラブチームは，仕事しながら空いた時間で野球の練習をして上を目指すということで，レベルは下がりますが，弘前アレッズは都市対抗で企業チームに勝つという目標も新たに立てました。われわれは時間がない中で野球をやって，そして，野球を仕事にしている人たちのチームを倒すということを一つの目標としてやっております。

　また，市民球団を確立し，全国のクラブ野球チームのモデルとなっていきたいということも考えています。先述したように，クラブチームはどんどん増えています。全国にはさまざまなクラブチームがあります。スポンサーから支援を受けているチームもあれば，同好会的に楽しく仲良くやっているチームもあります。今後ますますこのクラブチームは全国に増えていくというのは明確です。したがいまして，全国のクラブチームのモデルのようなチー

ムをつくっていきたいと思っています。

　最近, 他県のチームから電話が来ることが多くなってきました。ホームページを見ていただければ問い合わせ先がわかります。宮城県, 広島, 愛媛などから, 実はこういうチームをつくりたいという相談がきます。立ち上げたきっかけや資料に関する問い合わせをいただくことが出てきました。ようやく一歩ずつですが, 全国のクラブチームのモデルチームになりつつあるのかなと感じています。

　さらに, 未来の野球少年のために, 野球場の環境整備を行うということも弘前アレッズとして取り組みたいと考えています。これはチームを立ち上げた4年前に設定した目標です。未来の野球少年のために野球場の環境整備を行うという目標を立てました。後述しますが, 弘前市の野球場が今改装中であり, ようやくプロ野球の試合が行える球場ができることになりました。私たちのチーム目標である野球場の環境整備については, 別に私たちがお金を集めてきたわけでもないですが, 行政を動かすためには市民団体などの動きや思いはすごく大事なのだと痛感しています。私たちは常に, 市長をはじめさまざまな方々に, 野球場は絶対必要だということを言い続けてきました。その結果, このたび野球場が新しくなるということで, 非常にうれしく思っています。

　そして, 野球競技人口の底辺拡大とその指導者の育成も目標にしています。子どもたちの野球環境を何とか整備するためには, 指導者も増やしていかなければいけません。そのための取り組みも進めています。

弘前アレッズのボランティア活動

　勇気を与えてくれた四つ目の言葉は, 「夢は口にすべきです。その言葉が人生をつくっていきます」というものです。夢とかはあまり言わないという方もいるでしょうが, 私はどんどん口に出していくべきだと思います。私が所属している会社でも, 1年に1回, 社員の目標, 今年1年間の目標を立てさせています。以前は口頭だけでしたが, それではだめだということで, 5年ほど前から, 全従業員が通る階段にその目標を貼りました。それからは,

毎日その目標を目にするわけですから，自分でも意識するようになります。また，人から見られる，人から評価されるということもあります。できるかどうかということはわからないけれども，自分はこんなことをやりたいのだということを口にしてくことによって，最初は馬鹿にされるかもしれませんが，だんだん周りの環境も変わっていくのではないかと思っています。目標を内に秘めるだけではなくて，口に出して，いろいろな人に話をしてみることが大事です。話をすることによって，自分も言った以上はやらないといけないと考えるようになります。

　それでは弘前アレッズの活動内容について説明します。もちろん，野球の各種大会に参加しています。私たちのチームのもう一つの特徴が，さまざまなボランティア活動です。野球に興味がない方でもこのチームは応援したいよねと思っていただけるようなチームづくりをしないといけないということで，私たちはボランティア活動のことを，アレッズのフィールド活動という意味で，A-FIRLD 活動を展開しています。

　例えば，地元のイベントには率先して参加しています。そうしたイベントに参加することによって，もちろん私たちのチームの PR もできます。また，イベントを一つ実施するというのはすごく大変なことです。そこで，主催者にも協力していきたいと考え，さまざまな地元イベントに参加をするようにしています。

　さらに，早朝の街頭清掃が弘前アレッズの特徴です。主に市内の公園のごみ拾いですが，朝 6 時から 7 時まで 1 時間，時間がないときは 6 時から 6 時 30 分までですが，街頭清掃を行っています。なぜ朝かということですが，私たちのチームの選手の多くは仕事をしています。街頭清掃もほとんど試合のない日曜日に定期的にやりますが，日曜日に仕事がある場合であっても，朝 6 時から仕事という人はなかなかいません。朝 6 時から仕事の人がいないということは，朝 6 時から掃除をすればみんなが参加できるのではないかということで，早朝に清掃活動をしています。

　朝 6 時に集まってごみ拾いをやっていたあるとき，「何でこんなに朝早くやるんですか。こんなに朝が早いと，おじいちゃん，おばあちゃんで犬の散

歩をしている人がちらほらしかいないし，どうせチームの宣伝をするなら人がいっぱいいるような日中，駅前とか土手町とかでごみ拾いしたほうが宣伝になるんじゃないですか」と言ってきた選手がいました。確かに，間違いではないよねと思いました。ただし，弘前アレッズを立ち上げて，野球に興味のない方でも応援していただけるチームをつくるためには，人が見ているからやるのではなくて，まずは，人間力を高めようということがチームの重要なポイントでした。人が見ているからやる，これは当たり前だと思います。人が見ていなくてもやるというのがいかに大事なことか，そしてこれを継続するということが大事であると考えています。人が見ているところでごみ拾いをやっていると，おそらく宣伝のためにやっているだけですよね，と言われるでしょう。私たちは宣伝のためだけではなく，ジャンパーやユニフォームなどの資金をいただいている市民の皆様にどのように還元していくかということを考えています。その点を踏まえると，人が見ているからやるのではなく，公園がきれいだったらいいよねという思いで，普段お世話になっている弘前市に感謝するつもりで掃除をし，人間力を高めていこうということで早朝街頭清掃を実施しています。

　また，除雪ボランティアにも取り組んでいます。社会福祉協議会に登録しており，除雪に困っている市民の方々の手助けをしています。

　その他，子どもに対する野球教室も開催しています。例えば，小学校3年生以下を対象とした野球教室を年々増やしていきたいと考えています。とにかく子どもたちの野球競技人口を増やしていきたいです。野球をやったことのない子たちが野球教室に来るのですが，すごく楽しそうです。特に，バッティングなどはすごく楽しんでやっています。野球の楽しみをまずは小学校3年生以下の子どもたち，さらには，保育園，幼稚園の子どもたちに伝えていきたいと思っています。そのために，子どもたちが集まるイベントにも参加しています。冬場はイベントもどんどん増やして，外ではできなくても，室内で野球教室ができるのではないかと考えています。

　弘前アレッズでは，中学校3年生を対象とした野球教室も開催しています。もちろん，例外もあるでしょうが，中学校3年生は基本的に6月に中体連が

第3章　弘前市民球団　弘前アレッズの役割　　81

写真3. 除雪ボランティアの風景

終わった後，高校に入学する4月までは，野球部も含め，部活動に取り組む環境がないというのが実情です。そのような状況を考慮し，弘前アレッズでは中学校3年生を対象とした硬式のボールを体験する野球教室を9月から12月まで実施しています。このことによって，4月から高校の野球部に所属した際に，ある程度硬式のボールに慣れてチームに入れるのではないかと思います。これは弘前市の体育協会が主催で，指導は全て弘前アレッズということで，実施させていただいています。

　子どもの野球環境の整備として，弘前アレッズリトルの設立という，子どもたちの野球チームをつくろうということに取り組んでいます。弘前アレッズに憧れる子どもたちがいたとしたら，同じユニフォームで野球をやるともっと楽しいだろうねということで，弘前アレッズリトルを去年設立しました。実はリトルというのは，小学生がプロと同じ硬式ボールでやるチームのことですが，青森市，八戸市は非常に盛んです。弘前市にはこのようなチー

ムがありません。去年，立ち上げましたが，なかなか選手が集まらないのが実情でした。私は，やると思ったらすぐやりますけれども，需要がないものについては，やめると思ったらすぐやめるという決断をします。去年1年間やって一旦休部状態としています。ただし，私は今後，子どもたちの野球界にとって何が大事かということを考えて，子どもたちにとって必要だと思うものをまた手がけていきたいと思っています。

弘前アレッズはボランティア活動として農業支援にも取り組んでいます。チームを立ち上げてからやりたかった活動です。弘前市は日本一のりんごの産地ということで，特に「ふじ」というりんごの品種の収穫時期は，11月第1週，第2週ぐらいです。この時期は，私たちのチームにとっても，シーズンオフのような時期です。今年からようやく農業支援が実現できるようになりました。選手たちは体力がありますので，りんごを運ぶにしても，りんごをとるにしても，一回覚えれば，早く作業をこなしていきます。作業は楽しくやろうということで，ずっと一人ずつアカペラで歌を歌いながらりんごの収穫のお手伝いをしていました。こうした農業支援活動は今後，チームとして続けていきたいと思っています。

弘前アレッズの各種イベント

引き続き，私に勇気を与えてくれた言葉を紹介します。それは，「自分でやるしかないと腹をくくったところからいろんな知恵がわいてくる」という言葉です。何をしようか，どのようにしたらよいのかなど，なかなかアイデアが出ないことがあります。野球チームや会社，私自身も含め，本気で悩んで，寝れないぐらい悩んで，どうすればいいかなと悩んだときは，意外と良い知恵が出てくるなと実感しています。知恵が出ないというのは，もちろん経験不足，知識不足というのはあるかもしれませんが，意外と腹をくくっていないのではないか，やると決めていないのではないかと思います。本気でどうしようか悩んだときは，いろいろな知恵がわいてきます。

先述したように，私はとにかく球場にお客さんを呼びたいと考えていました。野球が好きな人は見に来ます。しかし，野球が好きでない人は球場には

第3章　弘前市民球団　弘前アレッズの役割　*83*

来ません。そういった野球を好きではない人たちを球場に連れてくるためにはどうしたらよいのか，ということを悩んでいました。試行錯誤の結果，野球を知らない，見たことのない方にも球場へ足を運んでもらいたい，楽しんでもらいたいということで，さまざまなイベントを立ち上げました。

　2012年，チーム発足初年度ですが，東日本大震災の復興支援イベントということで，チャリティーゲームを開催しました。創部100周年を迎えた宮城県の石巻にあるクラブチーム，石巻日和倶楽部というチームを招待しました。石巻日和倶楽部のキャプテンをやっていた子どものお父さんが津波に飲まれて亡くなったということを2012年7月の毎日新聞の記事を読みました。なかなか野球のやれる環境ではないということも記事に書いていました。そこで，石巻日和倶楽部のみなさんを元気にしたいということで，チャリティーゲームへの参加を呼びかけました。

　当初，石巻日和倶楽部側は恐縮していましたが，全員で弘前市に来てくれました。このイベントをいかにして盛り上げようかと考えていたところ，以前から親しくさせてもらっていた弘前市出身の力士である「若の里」（現：西岩親方）に始球式をお願いしました。野球は好きではないが，若の里が好きな人はイベントに来てくれるのではないかと思い，こうしたイベントを実施しました。

　第2回は，新幹線新函館駅開業に向けて，函館市と弘前市の交流試合ということで，函館オーシャンクラブという函館市のチームと2013年に試合をしました。初年度は先ほど説明したように，若の里を招待したり，りんご娘というご当地アイドルを呼び，球場で歌って踊ってもらいました。そこで，2年目は何をしようかと考えていたときに，弘前市ではたか丸くんというキャラクターが登場してきました。たか丸くんだけではなく，函館市のキャラクターも参加させようと思い，調べてみると，非公認のキャラクターで「イカール星人」がいるということが分かりました。そこで，たか丸くん，イカール星人を試合に参加させるというイベントを実施しました。このイベントは特に子どもたちに好評で，大いに盛り上がりました。

　このように，どんどん知恵を出しながら取り組んでいますが，何とかして

子どもたちを喜ばせたい，何とかして野球を知らない人にも楽しんでもらいたいという思いからこうしたイベントを開催しています。

その他，弘前アレッズの特徴としては，インターネットの動画生中継が挙げられます。球場に足を運ぶのはなかなか難しいという方々もいます。そのようなときはパソコンを開いて，仕事中にでも弘前アレッズの試合を見てもらおうということを計画しました。弘前大学のラジオサークルのみなさんと縁あって一緒に立ち上げていきました。当初，動画生中継はうまくいくか不安でしたが，現在 4 年目を迎え，クオリティーが高くなってきました。弘前大学のラジオサークルの方が実況して，解説者も一人つけて中継をしています。インターネットによる動画中継を行うことによって，球場に来れない方でも弘前アレッズを応援してもらえるような環境ができてきました。この中継は手作り感満載であり，お金をほとんどかけていません。こうした手作り感満載の中継が視聴者の方には好評であるようです。

4. 弘前アレッズの今後の目標

現在のチームの状況

クラブチーム日本一を目指すということで，弘前アレッズがそうしたチームとなっていくためには，チームの指導者も大事だということで，昨年，元日本ハムファイターズのプロ野球選手であり，弘前市職員であった今関勝さんに弘前アレッズの監督をお願いしました。非常に野球に詳しく熱い人で，弘前アレッズに来る前は楽天ジュニアという，子どもたちの野球スクールのヘッドコーチをやっており，野球指導者としては抜群の経歴を有していました。私たちの要請を快く受けていただきまして，今関さんは 2015 年より弘前アレッズの監督をやっています。元プロ野球選手ということで，伝え方，野球の考え方が違うものですから，同時に，チームの意識レベルがどんどん変わってきたと感じています。

弘前市は雪が降るため，外で野球をやれるのは 3 月後半，もしくは 4 月上旬ということになります。私たちが大事にしている大会が，5 月のゴールデ

ンウィークからスタートします。そのため，4月から1カ月間ぐらいしか練習試合，オープン戦をやる時間がありません。このような状況で日本一になれるのかと考え，私たちは去年から，3月中旬に関東遠征を行っています。大学生の強豪チームと試合するということを始めています。

　弘前アレッズは，練習を週約5回実施しています。仕事が終わったらほぼ野球，夜7時から9時まで練習しているので，仕事が終わったら野球の繰り返しです。12月の中旬から後半ぐらいまでが何もないオフにして，あとは練習をしています。したがいまして，ほぼ仕事が終わった後に，野球の練習，という環境で選手は取り組んでいます。

　現在，16名の選手がおり，すごく少ないです。たくさん練習しますし，入っても長続きしないということで，残念ながらやめてしまう選手もいます。今残っている選手は，この夜7時〜9時の練習という，ほぼ，仕事，野球，仕事，野球という環境に慣れ，本気で私と一緒に日本一になりたいと思っている選手だけです。そのため少数の選手構成となっています。もちろん，時間がないというのは言い訳になりませんし，私たちは日本一という目標に向かってやっているという状況です。

　われわれは，都市対抗野球という東京ドームで行われる企業チームが集まる大会に出たいと思っています。他には，全日本クラブ野球選手権という，西武ドームで開催されるクラブチームの大会も目指しています。これらの大会で日本一を目指しているということです。今年9月に2年連続3回目ということで全日本クラブ野球選手権の全国大会に行ってきました。過去2年間1回戦負けであり，特に去年は，茨城ゴールデンゴールズというチームと対戦し，7回コールドという悲惨な負け方をしてきました。メンタル面がだめだということで，去年の冬場はトレーニングをしながら，考え方，メンタル，気持ちの切りかえ方などを選手は学んできました。

　今年はYBC柏という千葉県代表のチームと1回戦で試合をしました。9回表まで6対0で負けていました。6対0と追い込まれた状況ではベンチの雰囲気が悪くなり，みんなの元気がなくなっていくのでしょうが，今年のベンチは全く違いました。みんなが元気で，まだまだいけるぞという雰囲気の

写真 4. 全日本クラブ野球選手権の全国大会での1勝

中，9回裏に6点をとり，延長10回にサヨナラ勝ちをおさめることができました。非常に劇的な試合でした。去年から始めたさまざまなトレーニングの効果も今年は出てきたと実感しています。

自ら一歩を踏み出す勇気

　弘前市では，はるか夢球場を大幅改装し，2017年6月にオープンの予定です。フードコートとかたくさんあって公園みたいにするそうです。公園で遊びながら，食事をしながら，気軽に野球を観戦できる球場になるようです。
　また，プロ野球1軍戦が弘前市で開催されることになりました。去年はプロ野球の2軍戦が行われ，ジェット風船によってスタンドが真っ赤になりました。弘前アレッズのチームカラーも赤であり，いつの日か球場が人でいっぱいになるようなチームにしたいということを常日頃思っています。
　私に勇気を与えてくれた最後の言葉を紹介します。それは，「思ったり願ったりしても叶わないことはある。しかし，願わないで叶うことは絶対にない」

という言葉です。願っても叶わないことはありますが，願わないで叶うということはありません。できると信じて願うことによって，物事を実現できるのではないかと考えています。

私は，選手に野球人である前に立派な社会人になれと言っています。仕事ができない選手，仕事をさぼるという情報が入った選手には野球をやらせないようにしています。仕事の報告を怠ったり，言われたことをやらないで野球の遠征に行こうとした選手が過去に1名いました。そのときに，選手が所属している会社の社長から，「仕事を残して行く気になっていますけど」という電話がありました。私は，「明日遠征に連れていかないので，仕事をさせてください」と返答しました。野球をやる前に社会人として立派にならないとだめだと選手に言っています。また，自発的に行動できる人になれということも強調しています。自ら気づいて行動できる人になってくれということを選手に伝えています。

そして，子どもたちの見本となる挨拶，礼儀，行動の徹底です。格好いい大人だなと思われる選手になってほしいと願っています。

これは私の言葉ですが，私がいつも思うことです。それは「未だない環境を創る為には，自ら一歩を踏み出すことが大事である」というものです。自らの一歩です。やろうかな，どうしようかなと悩むのではなくて，自らがやると決めて動くことが大事です。そして，本気で動けば必ず応援してくれる仲間が集まり，目標は達成されると私は考えています。私は大した学歴もありませんし，大したことを考えられる人間ではないですが，やろうと思って，絶対やってやると思ったら本当にいろいろな方々が応援してくれるようになってきました。いろいろな方々が仲間に入ってくれるようになりました。少しずつですが，今，目標が達成されていると実感しています。

最後に弘前アレッズを応援してくれる方の募集について説明をさせていただきます。例えば，応援の旗を立てるなどの試合会場の準備，または，応援団など，試合運営におけるさまざまなボランティアのスタッフを現在募集しています。また，試合の動画中継班についても同様です。これまで中継班を担当してくれた学生は現在アナウンサーとなったり，広告代理店に勤務して

います。彼らの後継者を探すのが急務となっています。単なるボランティア
だと思わずに，自分たちの夢，例えば，マスコミに行きたい，アナウンサー
になりたい，カメラマンになりたいという方は，ぜひこの機会に，私たちの
チームを使ってそういうことを学ぶことができるのではないかと思っていま
す。

　みんなで弘前アレッズというチームを育てていただきたいと思うのと同時
に，はるか夢球場で一緒に活動しましょう。そして，全国大会が開催される
西武ドームに一緒に行って，弘前アレッズを日本一に一緒に導いてくれる方
を大募集しています。

　今回の私の話を通じて，一人でも一歩踏み出そうと思っていただければ幸
いです。　　　　　　　　　（2016 年 11 月 21 日　弘前大学総合教育棟 401 号室）

【考えてみましょう】
(1) 今回のケースではさまざまな言葉が紹介されています。そうした言葉
　　を踏まえつつ，起業していく際にどのような心構えが求められるのか，
　　考えてみましょう。
(2) 地域の企業（今回のケースでは市民球団）が，地域から受け入れられ
　　るために，どのようなことがポイントになるのか，考えてみましょう。
(3) 弘前アレッズの今後の課題についてはどのようなものが挙げられるか，
　　考えてみましょう。

第4章 地域人材育成を推進するNPOの設立

プラットフォームあおもり 米田 大吉氏

青森県青森市出身。株式会社西友人事部人事システム担当プロジェクトリーダーとして，人事情報と給与情報の一元管理システムを構築。1994年に青森県にUターンし，青森県産品を，首都圏・大阪圏など全国に販売する事業を展開。2011年には青森県の働く人と起業を支えるNPO法人プラットフォームあおもりを設立し，理事長に就任。青森県内の大学・高校などでキャリア教育支援やプログラム開発に従事するなど，青森県における人材育成に幅広く貢献している。

写真1. 講演中の米田氏

1. はじめに

ベンチャービジネス論の講義なので，皆さんにお伝えしていくわけですけれども，皆さんにベンチャーになれと言う気はありません。ベンチャーは非

写真2. 講演風景

常にリスキーだし，格好いいからやってみようと思ってうまくいくわけでもありません。

どちらかというと，準備が下手だとギャンブルに近いと思っているし，普通はスタートアップとかという言い方でベンチャーのことを言うけれども，何となく今までの既存のものだとか，大がかりでやるとうまくいかない。例えば，行政がやると間違いなく失敗するであろう公的にわたるものと，コストダウンしてうまくいかないだろうといった部分を普通，日本人はベンチャーと言っているのかなと思います。

英語ではスタートアップと言うけれども，小さなことから始めてやっていくために，ベンチャーという大がかりな話ではなくて，皆さんがやろうとするなら，必要なのはしっかりとした準備，それから，熱意とか理念とかパートナー（仲間），一緒に前を向いて走ってくれる仲間，それから，もちろんお金も必要です。

理念の中でいうと，自分はこれやりたいからとか，これ好きだからというのはスタートアップにならないと思っていて，基本的にはソーシャルインパクトがあるというか，それをあなたがやること，僕らがやることによって社会が変わる，変えるのではないかと思わせることが必要かなと思います。

ベンチャーの説明に来たわけではないのに，なぜこういう話をするかというと，基本的には，今ある組織の中でも，そういうマインドを持った人間でないと，これから多分うまくいかないだろう，力を発揮できないだろう，働いて幸せになれないだろう，そんなことを強く思います。特に，公務員志望とか教員志望の方は，ぜひこういうマインドを持ってほしいと思います。そういうマインドを持っていないおかげで苦労している市町村公務員がたくさんいるし，公務員がそういうマインドを持っていないせいで不幸になっている住民もたくさんいるし，そういうマインドを持っていない先生に教えられるから道を間違う子どもたちがたくさんいるということを強く今思っています。

2.　地域人材育成を推進するNPO

地域人材とは誰なのか

はじめに，地域人材というのは誰なのかという話です。いろいろ新しいことを動かしたり，ベンチャー的な活動をすれば地域人材になるのかというと，きっとそれはそうではないし，地域人材だから地域が好きだったらいいだろうというと，そうでもない。私は青森で就職したいです，地元に帰りたいですというのは，単純に片思いしているだけであって，地域にとって幸せかどうかはわからない。地域を愛している，大好きだということだけが地域人材の要素ではないと思います。もちろん，そこに住んでいるだけですなわち地域人材だとも全然思えません。そこは勘違いをしないで，地域が，そこに住んでいる人たちがより幸せになるような行動，アクションをきちんと起こしていける人が地域に必要な地域人材だろうと思います。そういう人がたくさんいる地域はすごく魅力的だし，外からも人が集まってくるし，中にいる人

がニコニコしているけれども，こういう人材がすごく少ない地域に行くと，いや，うちの地域は全然だめだみたいなことを言う，そういうことになっていくのかなと考えています。

NPO 設立までの経緯

　私は 1964 年生まれで，青森の高校を出て，東京の大学に行って，しばらく東京で働いた後，30 歳過ぎに U ターンして帰ってきました。帰ってきてからもいろいろな仕事をして今に至っているわけですけれども，基本的には，すごく不まじめな大学時代を送りました。就職は，今はウォルマートになりましたけれども，西友という企業に就職しました。当時は 1 兆円ぐらいの売り上げがあって，大学の同期が 200 人いて，高校の同期で 400 人，そんな会社でした。なぜそんなところを受けたかというと，自分の家が商売をしていたからです。非常に安易な就職活動をして，非常にやりやすい会社に入って，おかげでいろいろなことを教えていただけました。

　青森に帰ってきてからいろいろなことをやったのですけれども，基本的には商人の息子なので，県産品を東京で売ったり，「青森県フェア」といった仕掛けをしたり，みたいなことを 30 代後半ぐらいからずっとやっています。2011 年，震災の年，震災が終わってすぐのときに NPO をつくりました。震災があったからつくったのではなくて，2010 年 12 月ぐらいから準備をして申請をしたところ，認定まで 2,3 カ月かかって，たまたま震災が終わった直後に認定されたということになります。

私たちのテーマ

　「社会インフラになる」というのはどういうことか。まず，社会とは何か。
　社会はそこに住んでいる一人一人が構成員で，その一人一人の満足が社会の満足だったり，地域の活性化というのは，その一人一人の活力が上がっていくことでしかないわけなので，そういったものをしっかりとつくっていこうということをお題にしてやっています。テーマにしているのは，まずは地域の課題に共感しましょう，ということです。私たちは逃げも隠れもできま

第4章　地域人材育成を推進するNPOの設立　　93

写真3. 講演スライド

せん。ここに住むしかない，ここで生きるしかない。であれば，この課題にそんなのおまえが悪いんだと言っていてもしようがないので，一緒になって何とかしようよ，確かにそれは大変だよねと思えないと何も前に進まない。それが1つ目です。

　2つ目は，目の前の困り事は解決しないと前に進みません。いくら理想を話しても，いくらすばらしい姿を描いても，目の前に困り事があると前に全然進んでいきません。目の前の困り事はまずきちんと解決しましょう。その上で，将来的にはこうならないとだめですよねという形をしっかりと提示して，つくる。それが，私たちだけで終わっているのではだめなわけで，私がいくら頑張っても何も生まれてこないところもある。頑張らないといけない大学生とか若い人たちにきちんとつないでいく仕組みをつくろうというのが私たちのテーマになっています。いろいろな社会に課題があります。そのバランスがころころ変わります。私たちがNPOをつくったころ，一番大事な目的は，非正規雇用者，要するに，正社員になれない若者の就職を何とかしようというのがすごく大きいテーマでした。もっともっと大きいテーマは，地域の人材を活用しようとか，地域社会をよくしようということでしたが，

一番大きな問題，非正規雇用を何とかしよう。でも，今は非正規雇用の問題がものすごく進んでいるけれども，みんなの目の前に見えてきません。県とか国の事業の比重が変わってきています。最終的に，青森のために何かをしようとするのであれば，これは私が青森にいるから青森だけれども，例えば，東北全体のために何かをしようとするのであれば，そういった事業のバランスは変わっていって，比重を置くべき場所が変わるということをしっかりと理解していないとまずいかなと思っています。

　3つ目に，NPOはお金をもうけないと続きません。非営利活動法人だから別に利益は要らないというのは嘘です。そういう団体は多分，長続きしません。利益は絶対に必要です。継続をするためにも，力強く前に行くためにも，次のステップを考えるためには必ず必要です。でも，それ以上に理念のほうが大事です。何のために自分たちが活動するのかということがすごく大事です。皆さんの多くは多分，企業に就職すると思います。普通の企業は金をもうけないといけません。ベンチャーであろうと，普通のビジネスであろうと，ビジネスである以上はもうけないとだめです。極端過ぎるかもしれないけれども，企業はそういうものです。きちんと利益を出して，皆さんを食わせるのが存在理由です。そのための推進力として，自分がその会社が立地する場所に貢献するとか，そういう考え方を持つとかはある。そこが逆転してしまっている社長は，多分，経営がうまくいかない。NPOをやっていたほうがいいと思います。NPOは，自分たちが推進力をつけるためにしか利益を生まなくてもいいというところが，NPOといわゆるベンチャーの大きな違いかなと思います。

NPOの仲間

　今年，私たちは全部で16人のスタッフでやっています。その一人は，リクルートのOBです。リクルートの設立のころから中にいて，宮城県にUターンして，今は私たちと一緒にやっています。もう一人は任天堂でWiiをつくっていた人です。八戸出身なので，八戸にUターンして帰ってきて，今，八戸学院大学の学長補佐をやっています。その他の人たちは全員リクルートの

OB ですが，SPI をつくっていた部署にいて，今，仙台で東北大学大学院の先生をやっている人がいます。それから，秋田で大学のパートナー支援みたいな活動をしている人もいます。そういうメンバーと一緒にやっています。

なぜ県内だけでなく広く外の人に入ってもらっているかというと，いろいろな情報がたくさん入ってくるのもいいだろうし，彼らが持っているノウハウは，日本のトップレベルのものを体験してきているので，それをぜひ青森の中にも落としたいというのがあって，彼らに経営を手伝ってもらっています。

このメンバーで東北の経産局の事業ですとか，弘大の COC[7] の事業ですとか，県内でやっている移住の事業，ものづくりサプライチェーン，物を売る事業，出会いサポートセンターという婚活の事業，ひとり親とか生活保護家庭の中学生の自立支援をする仕事，いろいろ合わせてやっています。去年の売り上げで 9,000 万円，1 億円弱という感じです。

どのような事業をなぜやっているのか

最初に，経済産業省が東北で，中小企業に人を定着させようという事業をやっています。皆さんは中小企業といったら，ヘッと言うかもしれませんけれども，日本にある企業の 95％以上は中小企業です。皆さんがよく知っているような，宣伝しているような企業だけではなくて世の中にはたくさんの企業，青森県内だけでも 6 万社以上の企業があります。それを皆さんの場合は多分，マイナビかリクナビでチェックしているだけなので，マイナビかリクナビだけだと，全国で 1 万社しか出ていません。0.0 何％の企業だけを見て，やれ落ちた，やれ受かった，ああだこうだという話をしています。それはすごくもったいないと思います。そういう状況の中で，企業さんは人を確保できない。すごくいい業績があり，世界のトップシェアみたいな企業も県内に

---

7 COC とは Center Of Community の頭文字をとった略称である。COC とは「地（知）の拠点整備事業」と呼ばれ，大学等が自治体を中心に地域社会と連携し，全学的に地域を志向した教育・研究・社会貢献等をすすめる大学等を文部科学省が支援する制度を指す。

たくさんあるのに，学生は見向きもしてくれないということを悩んでいるので，企業側からきちんとやっていって，いい人材を採りましょうという事業をやっています。

首都圏に出ていって帰ってきたいという学生もたくさんいます。僕がCOCの最初の段階で弘前大学の学部長に話したのは，青森から出ていった学生のほうが，もまれていろいろな経験をしているので，たった4年間で逆転してしまう場合があるということです。全然勉強ができなくて東京の私立大学に行ったほうが，就職戦線に乗ると全然よく見えるということが本当によくあります。皆さんと同じ4年間を刺激のある中，もまれる中，切磋琢磨する中で育つから，大人から見ても魅力的な若者に育っている。皆さんはぜひ気をつけたほうがいいと思います。青森の中にいると多分皆さんは一番だけど，でも，それは全国から見れば，別に大したことがないわけです。そこを自覚する必要は絶対にあると思います。そういう人間に帰っておいで，ぜひこっちにおいでという事業もしています。そういうことをなくしたいと思っているので，COC＋の共育型インターンシップをやったらどうですかという話を企業さんにしています。

皆さんはまだわからないと思いますが，先ほど出た任天堂でWiiをつくっていたスタッフと，ああ，そうだよなと話になったのは，彼ぐらい優秀な人間でも，八戸に帰ってくるときに落ち武者になったような気分になったんだそうです。俺はきっと社会から評価されない人間になってしまった，東京で使い物にならないから青森に帰ってきたんだという意識が自分の中で芽生えてしまったと。それはおかしいじゃないですか。せっかく私たちは，優秀な人間が帰ってきて，さあ，一緒にやろうよ，この地域をつくっていこうよと思っているのに，それがうまくいかないのは，帰ってきた人，もしくは，ここに住んでいる人たちが，うちの地域，いいよねということを多分きちんと言えないからですよね。すごくいいよ，みんな楽しいよ，さあさあ，帰ってこいよと言えれば，きっともっといろいろな動きがこの地域にも生まれるはずなんだけれども，それをつくるような組織がないとだめだと思っていて，それをつくっていこうということで懇親会，交流会みたいなことをやってい

ます。

　田舎館の田んぼアートの支援もしていますけれども，田んぼアートには年間30万人以上の人が来ます。30万人の人を呼べるイベントや仕掛けはなかなかつくれないと思いますが，それをあの地域は，実はそんなにうまく活用できていません。もう少しうまくやれば，もっと地域がよくなると思います。例えば，田舎館はもちろん田舎ですから泊まるところがありません。ホテルがないと泊まれないかといったらそうではないし，食べておいしいねと言えるものがなかなかないかというと，イチゴをつくれるし，米だって有名だし，いろいろなものをつくれる。それをうまく組み合わせて，あの地域を変えていこうという活動を，国土交通省の予算を使ってやっています。

　経済産業省のものづくりサプライチェーンという予算を使った事業もあります。例えば，青森の企業さんがすごくいいものをつくりました。売りたいから，大手のスーパーや商社に売りにいきます。そうすると，「ああ，いいですね。ありがとうございます。量が足りないので1,000ロットつくってください」と平気で言います。彼らが一生懸命頑張っても50とかしかつくれない。それしかつくれないのに1,000箱もらえれば売ってあげます，と言われる。一生懸命1,000箱つくります。つくって出しても，1,000箱売り切ると，その商品に関してはもう付き合ってもらえません。商品のライフサイクルはすごく短いです。地方の企業がいくら努力しても，いつまでたっても実りをとることができないので，そういう中間搾取というか，流通の大きいところを飛ばしてしまおうということを考えたのがこの仕組みです。

　また，例えば青森の生産者とイタリアのトリノの生産者の人たちと一緒にネットワークをつくってしまえば，同じ商品をお互いに売って，青森県産品を使ったメイドイントリノ，トリノ産の商品を使ったメイドインジャパンをお互いの販路で売ることができます。商談をするまでもないです。今までと同じようなやり方で，同じようなルートに乗っていったら，今までのルートをつくった人間だけがもうかるし，その人間だけがいい思いをする。そういうことでやっていたら，青森がよくなるわけがないと僕は思っています。一方で，今までのルートは上手に使えればいいので，最近，りんごのアロハシャ

ツをよく着ていますけれども，一生懸命，知事が売ってくれていますので，そのルートを上手に使わせてもらっています。

出会いサポートセンターという，皆さんはまだ全然関係ないだろうなと思う事業をやっています。なぜこんなことをやっているかというと，青森県は中学校3年生に対する小学校1年生の割合，つまり，8年後の子どもの減り方が断トツで日本一になっています。現時点で100人の中学校3年生がいると，同じ地域の8年後の中学3年生は，今の小学校1年生ですが，78人しかいなくなります。4分の1減ります。沖縄は2人しか減らない。あの震災があった福島でさえ79人です。そのぐらい急激に青森では減ります。子どもがいなくなる。子どもがいなくなるということは，もちろん小学校が必要なくなるし，大学だって，今，青森県内に11の大学があるけれども，そんなに要りません。子どもがいないから。そういう大きな変化が必ず出てきます。

地域の抱える課題

さらに言うと，結婚しない男が急激に増える。生涯未婚率というのは，50歳まで一回も結婚しない人の割合のことですが，男性で20%です。私たちが学生のころは，女の子と一緒にいたいから，格好いいことしたいからいろいろなことを努力したのに，全然そういうのがない。それはいろいろな要素があるのかもしれないし，一人一人が結婚しないことはその人の自由だけれども，社会全体として，結婚しない人間が2割もいるということは，とてもリスキーです。地域社会として非常に怖いと思います。これをこのまま放置すると，一人一人の幸せの話はさて置いて，地域として，この社会がおかしくなります。これは青森だけではありません。日本全国こうなので，日本の中で生きていくということは，こういう社会に皆さん暮らさないといけないということです。もう一つ，青森市は人口が30万弱，28万人ぐらいですけれども，ひとり親家庭の中学生は1,200人もいます。最初に聞いたときすごくショックでした。ひとり親プラス，このほかに生活保護だとかいろいろな環境の人，子どもたちを足すともっと多くの数になります。このままにして

おくと何かいびつなものが生まれてしまうのではないかと思っています。このようなことを見過ごすわけにはいかないので手を打とうかなということを思っています。

　地域人材とは何ぞやみたいなことがあるけれども，私たちの活動の中で，地域の中で，今いる人たちが将来どうなっていくか，といったことがすごく大きなテーマなので，そこについては，いつも考えて話をしたいと思っています。

3. 皆さんにお伝えしたい3つのこと

自分をブランディングする

　はじめに，ただ単純に大学に行っている人間が生き残れるか，ということ。これからの社会は危ないと思っていて，ブランディングする必要があると思います。昔は，大学を出れば企業がブランディングしてくれました。おまえはこんな感じだから，こういうほうへ行けと。何年かたつと，部下をつけるからリーダーになれと。係長になれ，課長になれ，部長になれと言われて，60歳の定年近くまで働いて終わっているということが，私の少し上の先輩ぐらいまでは普通でした。8割以上が正社員雇用されていたし，非正規雇用で働いている人はすごく珍しかったです。普通の正社員制度が始まったのは高度成長のころなので，まだ30年か40年ぐらいしか歴史はないわけです。その前までは丁稚奉公などはみんな非正規でした。その時代を乗り切るために，自分たちで手に職をつけたり，いろいろなことを考えて自分を磨き上げる，ブランディングをして生き残ってきています。これからは多分，そちら側に戻るだけです。ひどい社会になるのではなくて，戻るだけです。

　ブランディングをしないといけない，自分がこうだと言えないといけないときに，すごく大事なのは，俺ってこうだから，弘前だから，地方都市だからだめとか，国立大学だからだめとかというのをまずやめよう。弘前大学でもむちゃくちゃとがったやつもいるし，東大でも本当に使えないような人もたくさんいるし，普通の名もない私立大学を出ているけれども，一緒に仕事

をしていると，こいつすごいなと思う人もたくさん世の中にはいます。自分に覆い被さった学歴とか育ちとか，そういうものを一回外して，自分を見つめ直してみることがすごく大事だろうなと思います。

ブランディングのコツを3つ。1つは自分の魅力をきちんと語れるようにならないと，やはり苦しいのかなと思います。自分の魅力を語るということは，外からどう見えるかをしっかり意識することです。おしゃれと同じです。おしゃれの肝みたいなものと多分一緒だと思います。自分はどう見られているかをしっかり意識して，それに合わせたことをしっかりと発信する。自分の特徴，「170cmです。青森出身で弘前大学を出ました」ではなくて，自分の魅力，僕はこういうことがものすごく好きで，こういう活動をしてきて，こんなことができますみたいなことがしっかりと話せるようになることが大事だろうと思います。外の人の機嫌をとれということではありません。外からどう見えるかをしっかり意識しようということです。もしくは，外にどう見せたいかをしっかりと意識しようということです。それが自分をブランディングする上ではすごく大事だなと思います。

2つ目は大学を含めて出身地を消すと，あなたには何が残りますか，ということです。みんなの競合相手はむちゃくちゃたくさんいますよね。何十万人。彼らに勝てるポイントは何ですか。そのためにどんな工夫をしていますか。多分，これからの皆さんの競合は日本人だけではなく世界中の，ひょっとすると同じ世代だけではなくて，いろいろな世代の人間と競合しないといけないかもしれない。青森県内にある大学があって，そこにはベトナムとかタイ，マレーシアからたくさん留学生が来ています。彼らは普通に5カ国語を話します。日本語は私よりうまい。そういうことが必要な企業はどちらを採るかといったら，当然彼らを採ります。能力として普通に話すわけですから。そこが皆さんの競合になるでしょう。

私は自分らしさがよくわからなくて，やりたいことがよくわからなくてみたいな大学生もたくさん見てきたけれども，型がないのに型を破るということはできないので，まず，お師匠さんのやったとおり真似て書いてみてやってみて，それから，ちょっと離れて工夫してみて，最後にその型を超えるこ

とで新しい自分をつくることができる。まずベースになるのは，今までみんなが生きてきた過程，高校までどんなことを考えて，大学に入って何をして，どういうふうな生き方を目指してきたかみたいなことが型のベースになるはずなので，そういうところをもう一回意識する必要があると思います。これが3つ目です。

ブランディングというと，真っさらにして，どこかからポーンと下りてくるんだみたいなことを平気で言う学生がいるけれども，きっとそんなことは絶対無理で，自分の中にあるものからつくり上げてきて，上がったらまたそれを壊して次に一歩上がるというやり方でしか自分はブランディングをしていけないと思うので，これはぜひ意識してほしいと思っています。

前例のない社会を生きる

豊かさは今，変化しています。だから，チャンスのあり場所が変わってきています。僕らが大学に入ったころは，東京がすばらしくいいところで，20代のころ私は東京に住んでいて，絶対青森なんかに帰りたくないと思ったぐらい楽しかったし，それに応えてくれる町だったと思うけれども，多分，これからの東京はそれほどの力がない。今の日本という社会の豊かさ，昔は豊かであったものが，それは豊かって言わないんじゃないのという社会になってきています。つまり，どういうものが豊かなのかわからないまま皆さんは放り出される。昔は，これが豊かだとわかっていました。今はそんなことがありません。いろいろな価値があって，当然それはそれでいいと思うけれども，でも，それは前例がないということだから自分で決めるしかないということです。

日本で継続的に人口が減り始めたのは2007年，2008年ぐらいです。日本という国が，継続的に，構造的にずっと減ることがわかってしまっているということは今，有史以来初めてです。昔は年を重ねると給料が上がりました。当然，今年よりは来年よくなって，来年よりもその先がよくなる，経済が成長する。自分の給料も年齢に従って上がる，それが当たり前でしたけれども，そんな社会は日本にはもうないので，そういうところから意識を変えないと

いけません。

　年功序列と言われる，年をとって経験値が高い人間がすばらしくて若者は給料が安いというのも，もうありません。もちろん皆さんそれを理解しているだろうから，終身雇用などとは思っていない。ずっと一生続けたいですと言っている人はどのくらいいるでしょう。多分，それはやめたほうがいい。企業というのは，今でも30年続いているとすごいねと言われるけれども，みんなが社会に出ていくころには，30年以上続く企業は，本当に一握りの企業しかなくなります。コロコロ変わっていく，つぶれていく企業を踏み台にして，皆さんは生きていかないといけない。

　かつてと違って，皆さんは多分，働きながら子育てをして，そして介護をするはずです。きょうだいが少ないと一気に4人を介護するかもしれない。結婚していれば，親は4人います。その4人全部を面倒見つつ，自分の子どもを育てるはずです。子どもが10歳ぐらいのときに，親の何人かが介護になっても全然不思議ではない。そういうふうな社会です。昔はこうなりませんでした。なぜかというと，もっと若いときに子どもを産んでいたし，子どもの数が多かったから，地域社会で介護を何とかすることができました。ところが，みんなはそういうことはできません。自分の周りのことを考えてみればいいです。きょうだいが何人いて，今，父親，母親が倒れたらどうなるのか。そのときに，昼に一生懸命，全部働けるかといったらそんなことはできないかもしれない。

　しかも，その上，社会保障などの負担が2040年には今の1.6倍になります。これは働き手1人当たりで年寄りが何人いるかという話だけれども，青森だけでなくて，東京はもっとひどいです。東京はもっとひどいから，何とかしたくて地方創生と言っています。地方が活力をもってよくなれば，日本はよくなる。確かにそうなのだけれども，東京にこのまま年寄りがいられると東京はつぶれるから，いろいろな仕組みをつくって，政府は地方に年寄りを出そうとしている。それを皆さんは，日本のどこかで受けとめないといけない。転職が当たり前の話をすると，これは各産業において非正規雇用，要するに，パートさん，もしくは部分的な働きをする人の割合がどのくらいになるのか。

今はあり得ないけれども，金融業とかで，正社員でなくても半分以上の仕事が済む。銀行は今，女性もたくさんいるけれども，窓口の仕事は多分なくなります。みんな窓口で金を払わないでしょう。コンビニかATMで払っているでしょう。つまり，今は人がいるからやっているけれども，だんだん仕事がなくなっていくということです。どんどん働き方が変わってくるというのを理解しないといけないのかなと思います。

もちろん，正社員になれたほうが多分，安定しているように感じるからいいのかもしれないけれども，18歳から25歳ぐらいまでの中の正社員率といっても，半分はいない，4割ぐらいしかいません。一回，最初に正社員になれないと，そのままずっと行ってしまう人もたくさんいます。だから，自分をブランディングして，何を求めて自分はどうやっていくのか。最初もし正社員，希望の仕事に就けないのだったら，どういう過程を経てそこに近づいていくのかということを考えておかないと，むちゃくちゃ厳しいと思います。普通の若者は，多分，企業には要りません。

そういう意味では，ここはベンチャーに近いのかもしれませんけれども，国内企業の3分の2ぐらいは後継者がいません。暗い話に聞こえるけれども，県内にものすごくたくさんあります。すごく黒字，経営も順調，でも，跡継ぎがいない。どうするんですかと聞くと，俺の時代で終わって閉めるだろうと。皆さんが跡を継げばいいのではないかと思うので，そういう事業は今年度からずっとやり続けているけれども，何がこういう事業にとって足りないかというと，やってみようと思う若者がすごく少ない。やったことないけれども，やってみようというのがすごく少ないです。ものすごくいいマーケットというか，県内の企業に勤めるよりずっといい，自分の裁量で何でもできるし，経験値を積むまで前職の社長がバックアップしてくれるだろう。そういう意識を持っていろいろなところにアンテナを張って，違うところに進んでいく勇気をしっかりと持つほうがずっといいのかなと思います。

今，75歳以上を「高齢者」と呼びましょうということになってます。その意味は何かというと，75歳までは働けるということかなと。一億総活躍社会と言っていることは，死ぬまで働けということなので，年金が少なくな

るのなら自分で稼いで生きていけということ。みんな健康で長生きになったから、確かにそうだけれども、現実はこういうふうになっています。昔は30年＋30年、もしくは25年＋25年で老後だったのが、25年＋25年＋25年の後にしかみんなの老後は来ません。老後を楽しむ人がいないかもしれません。

　最初の25年、昔、私たちのときは先生の言うことをよく聞く素直な子がいい生徒でした。私から見ると、今はすごくみんないい子です。それだと、これからの社会は多分困ります。いい子なだけだと困ります。社会全体としては沈んでいっていますから、それをはね上がって違う方向に向けているような才能が欲しいです。ずるいですが、大人はそういうふうに思っています。だから、最初の25年、大学を出るまでの間にいろいろなことをやれと。学校も周りもみんな言うと思うけれども、そうしないと、多分、社会で活躍する人材になれないよということが裏にある。変なプレッシャーがかかる時代になっていくと思います。

　次の25年、学校を出た後の25年、昔は黙っていればそのままずっと会社の中で偉くなっていきました。本人の努力は関係ありません。本人の能力が伸びる、伸びないは関係ありません。いわゆるメンバーシップ社会というもので、仲間になったんだから最後まで一緒にやろうと。それができた社会だったし、それをやる余力があった社会でした。でも、今の日本はそんなのはありません。終身雇用もあり得ないし、年功序列もあり得ないし、年齢給などという考え方はあり得ません。能力の高い人間だけが、ピンだけが優遇されて、ピン以下のところはコンピュータに置き換えられて、それ以外の雑用をその他の人間にさせるというのが普通の社会が、みんなが生きてくる2つ目の25年になると思います。

　さらに言うと、その先の25年というのは、昔は、途中ぐらいから年金をもらえたけれども、それが多分なくなるというか、ほとんどなくなります。だから、ずっと死ぬまで働く。2つ目の25年で、皆さんは3つ目の25年をどう生きるかを考えないといけません。年金をもらって庭いじりして、孫にお土産買ってあげて生きればいいやなどということは、多分あり得ません。

2つ目のあたりで，多分皆さんは介護の問題に直面します。統計でいうと，8割近い人間が2020年以降は何らかの介護に携わらざるを得なくなると言われています。皆さんはもっとですね。だから，何のために働くのか，何のために生きるのかという意味が昔と全然変わるはずだと思います。

　つまり，今までと違うので，いろいろなことにトライできるチャンスが皆さんのほうにたくさんあるという言い方をすると明るいですね。今までどおりやらないといけないというのは，私は個人的に非常に苦痛でした。だから，今みたいな時代はすごくワクワクします。何か考えてやれると自分が前例になれるし，誰もだめと言えません。正解が何だかわからないのだから，やってみる権利はこちらにあります。誰かにきちんと教えてもらったとおりにやるのが好きという人にとってみると，非常に苦しい時代になるだろうなと思います。

就活でのポイント

　皆さんの仕事には終身雇用みたいなものはないよと言いましたけれども，選択肢は昔よりめちゃくちゃ広いです。はるかにたくさんの選ぶ道があります。それに合わせられるかどうかは，自分は何なのかというのがわかっているかどうかだろうと思います。最終的には，これまでの私というか，今まで生きてきた自分の延長線上にしか皆さんは生きられません。一足飛びに，急にスーパーマンになったり，何かすることはできません。必ず戻るべき原点があるはずです。これだけは譲れない価値とか，これだけは絶対に守っていきたいと思うところとか，必ずあるはずです。昔，大学生時代の私は，楽しければいいと思っていました。絶対自分は幸せになれるみたいな変な自信もありました。でも，私の今の原点は，絶対に青森にいて暮らすのだと。東京に行ったほうがいい暮らしができる自信はあるのだけれど，ここでここから出ていってしまったら，私はもう二度と青森に帰ってこられない，根っこがなくなってしまうというふうに思っています。今の私の原点はそこにあります。時代によってとか，年によって，皆さんの経験によって変わっていくのは構わないけれど，アンカーがないのはまずい。どこに漂流するかわか

らない。これは絶対誰でも持っているので，きちんとこれだということがわかるようにしてあげればいいのかなと思います。

この関係の話でよく就活のときに，キャリアデザインのときに話すことがあって，私が東京にいたときに採用で年間に3,000人ぐらいの学生に会いました。履歴書も建前上は全部見ます。全部は読みません。当然読みません。そんな時間がありません。みんな，リクナビ，マイナビで一生懸命エントリーシートを書くでしょう。書いてある内容があまりよろしくないと，書いても読まれていないです。何千枚も同じことが書いてあって，また同じことというのは絶対に読んでいません。読ませるコツはあります。2つの場所しか読んでいません。2カ所を読んでよかったら，どこの人なの？　そうなんだ，へぇ，こんな趣味があるんだみたいなことを読むけれども，最初に見る場所は，自己PRと志望動機。この2つがきちんと書けていないと，その先にいくらこんなすばらしい資格を持っていますと書こうが，そんなことは全然読んでいません。少なくとも，私は人事担当者として読んでいませんでした。多分，今も状況は変わらないと思います。

これまでの私，今まで培ってきた中からしか自己PRはつくれないし，志望動機も書けません。自己PRは業種とか職種の研究をする，もしくは，相手の企業を，こんなところに行きたいなと思うところを研究します。そこで自分ができることを重ねるというのが自己PRです。相手が何を求めているのか。ブランディングした自分の型はどのくらいそこに重なるのかということを言うのが自己PRです。これがしっかり言えていると，あ，この人わかってる，オーケー，オーケー，志望動機は？となります。これはあまりみんな書けません。僕は弘前大学で成績が云々とか，すごく勉強して資格をたくさん取ったとか，サークルの副代表とか，みんな書いているけれども，そんなところは企業の人は誰も読んでいません。自分の今までの中で，自分の持っているこの型と企業の求める人材像がいっぱい重なっていますよね，だから，あなたの仲間になってもすごく仲良くやれますよというのが自己PRです。

志望動機に関して言うと，先ほど企業はもうけるのが最優先と言いましたけれども，でも，何でもかんでももうかればいいとは思っていません。自分

第4章 地域人材育成を推進するNPOの設立　*107*

写真4. 講演風景

たちがやるべきもの，今までやってきたことの上に事業を積み重ねていっています。あるコーヒーのチェーン店はコーヒーを売っているけれども，自分たちのことをコーヒー屋だと思っていないから，「私，御社のコーヒーが好きなんです」と言ってもまず間違いなく落とされるようです。お客さんが欲しいのではなくてスタッフが欲しい。自分たちがやっていることをきちんと理解して，何のためにやっているのかをわかった人間が欲しい。会社が持っている理念，それと自分の価値観が一緒ですよねと言うことが志望動機の第一歩です。

　自分が大事にしている価値観があれば，おそらく大学時代に勉強していることや活動，行動などが，その大事にしている価値観に沿ってされるわけです。バイトの話もよくするけれども，自分が大事にしている価値とかやりたいことの上に，みんなの学生時代が乗っているはずです。そうでないとおかしいですよね。金のために生きているわけではないし，将来，何かを手に入

れたくていろいろなことをやっているわけでしょう。今，大事にしている価値観の上に沿って行動しているはずです。それが言えないとおかしいです。その上に，だから私はこんなことをやりたいです。そのやりたいことは，あなた方がやっている事業とぴったり合いますよね，だから，私のことを使ってください，絶対役に立ちますよと。それが志望動機です。それがしっかりと言えると，すごくよくなります。

　自分の価値というのは相手にしっかり伝えて，わかってもらわないと意味がありません。皆さんがどんなにすばらしくても，伝わらないと価値ではないし，それが何らかの形で残っていかないと，それは自己満足にしかすぎないのかなと思います。

4．おわりに

　地域人材は必要なんだろうと思いますけれども，いろいろ言うだけ，口だけの人は結構います。俺できるから，俺知ってるから，そういうことやってきたからと言うけれども，この3つの掛け算で，社会ですごく活躍する人間は決まると思います。これに少しずついろいろな要素をつけ加えていく作業をしていくと，もちろん，既存の企業でも，公務員でも教員でも，すごくいい人，いいやつ，一緒にいたいというか，一緒に活動したい人間になれるかなと思います。

　うちの若いスタッフは，基本的に，大卒は，まあ，まあという感じです。なぜかというと，能力が低い，経験値が低いのはわかっています。皆さんがどんな経験した人間にも絶対負けないのは，熱意とか，若い力というか，俺やりたいんですみたいな思いは絶対に負けません。その強いところをしっかりとつくるということがすごく大事かなと思います。

　ぜひ皆さんの力で，自分がいる組織とか，自分が関わる地域とか社会とか，それを変えていってほしい。類は友を呼ぶと言うけれども，皆さん一人一人の熱が周りを巻き込んでいくというのがすごく大事だろうと思います。こんなことを思いながら日々活動しているところです。

第4章　地域人材育成を推進するNPOの設立　*109*

今の話は青森だけに限った話ではなくて，皆さんにはもちろん，帰りたいふるさとがあったり，東京を目指す人もいるだろうけれども，東京が今，一番，先ほど言ったみたいに地域課題としては先進地域になってしまうので，考え方としては，どこにいようと同じことです。青森だからではなくて，日本全体が多分，多かれ少なかれ同じような状況に必ずなる。そのときにしっかりと自分の型を持って，よりどころみたいなものをしっかりと把握して，社会を変えていってほしいと思います。社会に参加するのではなくて，自分の周りに社会をつくるみたいな，自分を中心に世界を回すみたいなことをぜひ考えてほしいと思っているところです。

（2017年1月23日　弘前大学総合教育棟401号室）

【考えてみましょう】

(1) 地域にはどのような人材が求められているのか考えましょう。

(2) NPOを起業することの意義は何か，普通の会社を起業した場合と比較しながら考えましょう。

(3) 皆さんの最初の25年，大学を出るまでの間にやりたいことを考えましょう。

第 5 章　地域で始める IT ビジネス
株式会社コンシス　大浦 雅勝氏

　青森県弘前市出身。2009 年に青森県初の Web コンサルティングを手掛ける株式会社コンシスを創業。IT を活用した農業支援やグローバルビジネス展開の支援などを展開している。そのほかにも青森県内の IT・Web 活用の推進を目的とした NPO 法人あおもり IT 活用サポートセンター理事長や弘前大学人文学部特任教授として大学生の就業力育成支援と大学と地域との連携事業を行うなど，青森県内において幅広く活躍している。2019 年に中小企業庁「はばたく中小企業小規模事業者 300 社・商店街 30 選」に選ばれた。

写真 1. 講演中の大浦氏

1.　はじめに

　今日はベンチャー企業のことについてお話ししていきたいと思っています。私は，株式会社コンシスというウェブのコンサルタント会社をやってい

ます大浦といいます。また，弘前大学の特任教授もやらせてもらっています。

　会社の経営者ではありますが，大学生の皆さんにお話しするのは今年で6年目になります。学校の先生もやりつつ NPO 法人の理事長であったりと，いろいろなことをやらせてもらっています。私も大学生のときはそうでしたけれども，社会に出て上場企業に入ったらつまらなくて，やっていられないですね。1回しか生きられないのに，なぜ人に言われて生きないといけないのかが全然わからなくて，今こういう感じになっています。

2. ベンチャー企業について

ベンチャー企業とは

　ベンチャービジネスというのはどういうイメージがありますか。ベンチャー企業は，労働時間も長いし，大金持ちの可能性もあるけれども経営は不安定です。昇進も早いし成果主義です。けれども，それもみんな自分たちの責任であったり，自分たち自身が自分事としてやっていることなので，結果として，外から見たらこういうことがたくさんあるというだけで，当人たちはそういうふうに全く思っていない。これは結構ベンチャー企業かなと思っています。

　「革新的なアイデア，技術をもとに新しい形態のサービスやビジネスを展開する企業のこと」というのが一応のベンチャーの定義らしいです。いわゆる IT 企業的なもので，皆さんが知らないことはないようなビッグな会社がありますよね。私なんかは足元にも及ばないぐらいの，たくさんのそういう会社があります。どの会社も20年前にはないような会社です。全て最初はベンチャーでした。最初から大企業でスタートする会社はありません。いわゆる中小ベンチャーからスタートしているのがほとんどです。それがどんどん大きくなって，今，皆さんが誰でも知っているような会社になっています。ベンチャー企業もたくさん種類があります。IT ではなくてもたくさんのベンチャー企業が存在しています。宇宙開発ベンチャー，ロボット系，アプリ系，研究開発，医療開発，システム系，受託開発ベンチャーというのも最近あり

ます。他にもソフトウェア，都市開発ベンチャーなどというのもあります。

ベンチャー企業を起業するとは

　私の会社の1階にコワーキングスペースというものがあるのですが，先日，そこにある会社の社長に来てもらいました。その方は21歳か22歳ぐらいの時に会社をつくり，今26歳で，資本金23億円の会社の社長です。それまでは，プログラムが好きで1日20時間ぐらいプログラムを打っていたという話をしていました。バイトとして月1万円で働いていましたが，働いている感覚もありません。それが数年の間に，資本金23億円の会社の社長になりました。これがいわゆるベンチャー企業というものです。私の会社の1階に40人くらい集まって話をしています。大学生の人たちも来ていて，ほとんど年は変わらず風貌はただのオタクっぽい青年ですが，劇的に変わることができます。

　その社長がおっしゃっていたメッセージを1つ皆さんに伝えたいと思います。彼は「若かったら経験がなくても雇いますけど，年いっている人だったらもう無理です」と言っていました。私はもう40代です。残念ながら，この年になると新しいものはもう入ってこないです。今まで積み上げてきたものを組み合わせて何とかすることはできますけれども，全く新しいものは自分の中にはなかなか入りにくくなっています。ですが，皆さんの年は自分の中にいろいろなものがすごく入ります。そして，それを吸収する場に行くかどうかというのはすごく重要なことです。多分，皆さん18〜19歳だと思いますが，今からそういう場に身を置いたら，ものすごく成長する可能性はありますけれども，25歳ぐらいになって気づいても少し遅いなという話です。ベンチャー企業論に限った話ではなく，いろいろなものを今，吸収できる時期だということは自覚したほうがいいと思っています。

株式会社コンシスとは

　株式会社コンシスという会社についてお話します。ウェブのコンサルティングとありますが，ウェブのコンサルティングとは何かという話になります。多分，青森県内では1社しかないような会社です。もし無理やりベンチャー

という言葉をつけるとすれば，地域課題解決ベンチャーをやっているのではないかと思っています。

　私は地域課題を解決する中で，ITという道具，このテクノロジーを使ってその課題を解決するということを生業としています。会社は今，8年目になっていて，職員はたった15人しかいませんが，みんな仕事を楽しんでいます。2009年にできて，株主は私1人しかいません。いわゆるオーナー企業というものです。「地域の価値を再発見してIT技術により地域ビジネスの未来を創造します」ということを1つのテーマとして活動させてもらっています。

　東京にたくさんあるベンチャー企業はできては消えていきます。10年もつ確率なんて10％ぐらいしかありませんが，わが社が8年何とかやれているというのは，その10％ぐらいの経営はしてきたということかなと最近感じていますが，青森県から世界に発信できるような仕事をしたいと思って，今，15人の仲間とやらせてもらっています。

　ウェブやITを使って地域産業支援をするのですけれども，どういうものがあるかといったら，たとえばこのあたりは東京よりも食べ物がとてもおいしいです。食産業に携わる人の数もとても多いです。でも，その人たちはITのことは苦手です。例えば，りんご農家さんやマグロを捕っている漁師さんたちは，全然ITの恩恵を受けていません。そういう人たちにITのソリューションを感じてほしいということで，ウェブサイトなどを企画提案したりしています。

3.　株式会社コンシスの活動

私の会社がやっていること

　弘大がつくった「紅の夢」という果肉の赤いりんごや，雪の下で保存すると凍らないのにものすごく甘くなってしまうニンジンなど，最近，テレビに取り上げられるようになったのは，私たちが仕掛けているからです。他にも，白神山地のふもとでつくっている自然薯というナガイモの親分みたいなもの

写真2. 講演中のスライド（多言語対応のHPスライド）

や，スチューベンという鶴田町の特産のブドウなどもあります。

　観光の分野で言うと，最近は海外からの観光客が増えています。では，外国人が日本の情報を海外で集めるのにはどうすればいいでしょうか。例えば，台湾の首都，台北市の一番大きな本屋さんには日本の観光コーナーができています。なぜなら，日本人が昔，ハワイが大好きだったのと同じように，台湾人が一番行く外国は日本だからです。その中でも東京に一番行くので，雑誌の東京コーナーができています。他には北海道や大阪，京都など，いろいろな地域の本が並んでいるのですが，「青森」という本は一冊もありません。2,000冊あっても一冊もありません。「東北」という本もなくて，東北と信州を合体させた本が並んでいます。それを見ないとここの情報はわかりません。でも，本でしか調べないということはありませんよね。本屋さんに行っても，手に入る情報は少ない状態なので，外国とつながるためには，ITとかウェブのテクノロジーを使うしかないですね。

　観光も，ウェブサイトをつくっていないと全然来る人の数も変わってしまうのではないかということで，今，多言語に翻訳したサイトなどもたくさんつくっています。英語以外にも，当然，韓国，台湾，中国の簡体字とか，そ

第5章　地域で始めるITビジネス　　*115*

写真3．講演中のスライド（青森県毛豆研究会スライド）

ういうものも全部翻訳できるネットワークを使ってつくっています。弘前公園のサイトなどもうちの会社で今つくっていて、これも多言語化しています。ウェブをつくるというのは、当たり前といえば当たり前過ぎますが、まだこの地域の中ではそれができていないです。ですから、我々はそれをまずはきちんとやりましょうということで取り組んでいます。現在、私はこういう仕事を青森でやっています。

　青森には毛豆というものがありますけれども、青森毛豆研究会というものをつくって、園地も借りて生産もして、収穫したらこういうおいしいものを食べるということをしています。毛豆というのは津軽界隈で昔からすごく食べられています。みんな自分のものが一番おいしいと言い張るので、どれが一番おいしいか大会をやりませんかという話をしました。そうしたら、たくさんの人が集まって、食べ比べをして、誰が優勝だ、かれが優勝だという話になっています。

　農家さんとの付き合いというのを私は結構大事にしています。IT屋さんだからこそ農業者との付き合いを大事にしています。東京のITの人たちは、実は農業者とつながるのはとても難しいのです。それは、近くにないから

写真4. 講演中のスライド（ひろさき手ぶらで観桜会）

です。私は近くにいるので，こういう人たちとお付き合いしています。今，270件ぐらいの農家さんとお付き合いしています。この情報を持っていること自体，私の中では財産だと思っています。

　会社の中でおもしろい，社内ベンチャー的なことにも取り組んでいます。そこから一つ立ち上がったのは，「手ぶらで観桜会」という企画です。弘前公園は桜がすごくきれいですよね。観光客の人は，桜をちゃんと見ているのか，お祭りを楽しんでいるのかなと考えたときに，私は敷物を敷いて，弁当を食べて，おいしいお酒でも飲んだら楽しいなと思っています。でも，多くの人たちは，「旗についてきてください」と言われてついて歩いて，1時間見て帰っていくというのをやっているのではないかと思うのです。できれば，このすばらしい，世界で最も美しいかもしれない桜を見てもらって，せっかく来たなら，この地域にお金も置いていってもらいたいと思うのです。

　ただでも所得が少ない話でもちきりなわけですから，世界一のものがあるのだったら，それをお金にかえていかないといけない，マネタイズしていかないといけないと思います。でも，公園内でなかなかお金を使わせる場所がない。露店が少しあるぐらいで，その他だと公園有料区域への入園料は300

円だけです。

そこで，もっとたくさん楽しんでもらって，たくさんお金を置いていってもらうために，地元の人が楽しんでいるお花見と同じシチュエーションを旅行客の人にやってもらいましょうということで，最初から敷物が敷いてあって，ご当地の食べ物がそろっていて，お酒も全部並んでいて，手ぶらで来て，そのまま飲み食いして，散らかして帰ってください。だから，1人1万円くださいという企画です。

さて，1万円は高いでしょうか。1万円だと安いですよね。実際に安いという声も多くあったので，1人2万5000円に設定しました。今，来年の予約がたくさん来ています。今のところ全員外国人です。シンガポール人，中国人など，4人で来て2時間ほどで10万円です。それぐらい，せっかく来たので楽しんで帰りたいと思っている人たちがやはりいるということです。たった一つの思いつきでも，何百人の規模でこの事業を行えば，売り上げ1,000万円を達成する可能性はすごくあります。世界ナンバーワンですから。ただ，地元にいる人たちにはそういうふうに見えない。あまりに当たり前に普段，日常にあり過ぎるので，毎年，桜が咲いたなと思っているだけです。他人の目線で考えてみたら，価値があることはたくさんあると思います。こういうことを一つ考えつくだけで，インターネットを使ってたくさんの申し込みが来ています。興味がある人は来年手伝いに来てください。アルバイト募集中です。

10年後，20年後，その先の社会を考える

私は，先ほどお話しした通り，地域課題を解決するベンチャーですけれども，これからあと10年たったらどうなるだろう，20年たったらどうなるだろうというのを常に考えています。今やっている商売は10年後になくなる可能性は結構あるなと思っています。

また新しい取り組みで，ワークスペースシフトというのを運営しています。たった30坪ぐらいのところで，ここにたくさんの人が集まれるような空間づくりを進めています。ここには勤め人ではない人がたくさん集まってきて

います。いわゆるフリーターという，フリーランスというか，独立している人たちがたくさん集まってきて，何か作業をしています。ここにおもしろい人たちがたくさん集まったら，先ほどのプラットフォームビジネスを展開しようと思って，今，おもしろい人だけ集まるようにしています。それ自体の仕組みを今，私はつくっています。こうやってたくさん人が集まってくると，そこからイノベーションが起きる可能性があります。

そういう人たちが増えてくる時代かなとも思っています。皆さん，卒業したら，もしかしたら大手の会社に働きに行こうとか，公務員になろうとかと思っているかもしれませんけれども，私はあんまりそういう時代ではないだろうと思っています。青森で暮らすのはすごくいいと個人的には思っていて，昨日まで東京にいましたけれども，土日かけて10人ぐらいの青森県出身の人に会ってきました。みんな青森に帰りたいという人たちばかりでした。業界は全部ITの人たちでした。ただ，どうやったら帰れるのかよくわからないということで，今，自分は相談に乗っている状態です。彼らも多分，東京がよくて出ていったのですが，なぜそういう思考になるのかということも，私は今，結構わかってきているなと思います。戻りたい人の支援もしています。青森に一回Uターンする体験のツアーをやっていたり，そういう話をしに東京まで出向いていたり，いろいろなことをやっています。

私が1つ指標に掲げているのは2040年，今は2016年ですよね。何年後か考えてみてほしいのですが，あと24年ぐらいです。皆さん何歳ですか。僕ぐらいの年にはなっているのではないか，もっといっているかもしれませんね。僕は死んでいるかもしれないぐらいの年です。今，60歳も70歳も現役で働いていないといけない時代になっていて，そのころまでどういう人生を生きるのかと考えてみてほしいです。単に，今から3年後の就職のこととかを考えるのではなく，人生全体を考えた中で，何歳ぐらいで，一体何になっていくのかというのを考えてほしいです。それを逆算していったときに，じゃあ，22歳の自分はこういうことをしないといけない，18歳，19歳の自分は今，もっとインプットしないといけないと考えたほうが人生がうまくいきます。就職がうまくいくかどうかより，人生がうまくいったほうがいいじゃな

いですか。このことは結構考えてみていいのではないかと思います。皆さんの場合，更に10年ぐらい考えないといけないと思います。2050年ぐらいにどうしているのだろう。もしかしたら，スマートフォンなどという古いデバイスは誰も持っていないよなとか，そういうことを考えてみてほしいと思います。

4. 青森で起業する

なぜ青森で起業したのか

　青森で起業した理由をもう少しお話ししておくと，単純です。青森をベースにしたいなと思っただけです。自分のふるさとなので，ここがいいな，暮らしやすいなと思っています。別に東京もヨーロッパも，海外でもどこでも行こうと思えばすぐに行けるので，仕事の面からいくと，どこに暮らしているかはあまり関係ないけれども，子どもとか家族とかいろいろなことを総合的に考えると，ここが人間として暮らしやすい，ベースを置くには青森がいいなと思っています。皆さんの中にもきっと，北海道から来ている人もいれば，青森県の人もいると思いますけれども，もうどこにでも行ける時代なので，場所にはあまりとらわれない。でも，人生全体で考えてみたら，ここにいたほうがいいなということはすごくあるのではないかと思っています。

　ベンチャー企業論なので，起業するということに際しての，私なんかは古い起業家だと思っているので，古い人の失敗体験というか，プロセスというか，考え方というか，そういうところを少し話したいと思います。

　今日皆さんにお話ししていることには，私は25歳まで気づきませんでした。18歳の自分に私の今の講義を聞かせてやりたいです。それぐらい学校にも行っていないし，バイトとパチンコぐらいしかしていなかったかなと思います。23～24歳ぐらいから，上場企業に入るには自分の人生は危ういな，ということに気づき始めて25歳でアクションを起こすのですけれども，そのときに，これは勤めていたら無理だな，明らかに不自由だなと思いました。これは1999年なのでもう少し後ですが，28歳ぐらいになったときです。

その当時の日本のインターネット人口は 1,500 万人でした。インターネット世帯普及率は 12.89 ％しかありません。全国平均でこのぐらいなので，青森県だとしたら 10 ％以下の可能性があります。インターネットを使っている家が 10 軒に 1 軒しかない。今は考えにくいでしょう。でも，昔はこれがスタンダードでした。ないほうがスタンダードの時代がありました。世の中で昔からやってきた人たちは，インターネット？　そんなもの要らないよと思っている人たちが多数派でした。今はそこから 17 年たって，誰もそんなことは言わないと思います。でも，この時点ではそう思っていました。

　この時点で今の IT の状態をきちんと予想できていたら，いいビジネスが結構たくさんできたはずです。そういうときに，そのことに気づいていた会社が，楽天やヤフージャパンといった会社です。今は当たり前でないことだけれども，何年か後に当たり前になることは一体何なのかというのを考える必要はあると思います。私は，たまたま小学校ぐらいからパソコンが好きで，インターネットのない時代のパソコンからプログラムを打っていたので，その時点でインターネットにはものすごく可能性を感じていました。

　1999 年からみると，情報ツールで伸びているのは，スマートフォンとタブレットしかないです。あとは全部落ちていっているのが今の状態です。このこと自体も，ほぼ 1990 年代に決まっていました。あとでユーチューブを見てもらうとわかりますが，アップル社もマイクロソフト社も，昔の映像の中に全部タブレットを入れています。2000 年ぐらいの映像の中には，もうタブレットがあって，それをタッチで操作するというのがすでに出ています。それが商品になるのが，iPhone が 2008 年，iPad が 2010 年です。基礎技術は 1990 年代から考えられていて，商品化になるまでに 10 年ぐらいかかっているということです。そういうことを考えると，次，タブレットに置き換わっていくものは何なのか，そういうことを予想していく必要がやはりあると思います。

　そんな中，2016 年の青森県のインターネット利用率は，ほぼ最低であるという結果があります。自分はこれを何とか改善していかないと，自分が暮らしたい場所で IT テクノロジーを使いにくくてしようがないんです。です

から，今日皆さんにITの話をしています。東京に行ったら，ITのスタートアップの会社，ベンチャー企業がたくさんあって，大変な競争です。ところが，青森県に来てみると，こういうことに着手しようという人間自体が少ないです。いません。つまり，とても小さいマーケットです。ですが，小さいといっても百何十万人か暮らしている県なので，その中にもITが必要です。そういうことを今，仕事にしているので，企業としてはそんなに利益は高くないけれども，競争をそんなにしない中でそこそこの利益を得られるというビジネスモデルです。外からも入ってこないです。マーケットが小さいので参入するメリットがないために，中にいる私だからできるという一つの考え方です。

起業までの道のり

　昔，独学でウェブを学んだ時代がありました。誰も教えてくれないというか，そういう学校もない時代からウェブの仕事をしようと思っていましたが，実は，起業はできませんでした。Uターンで起業しようと思ったけれども，だめで東京に帰りました。何故できなかったのか。これは，もしかすると一番大事な所かもしれません。まあまあ早い時期というか，25〜26歳でチャレンジして，Uターン起業は失敗しています。失敗したという事自体が多分よかったなと思っています。20代のうちに早めに失敗できました。これがなかったら多分，今，皆さんの前に立つこともなかっただろうなと思っています。多分，最初に一回飛び込んで失敗したことがよかったのです。その失敗の理由をきちんと検証するということがとても大事でした。

　当時足りなかったものはいろいろありました。能力も足りなかったし，資金も足りなかったし，コミュニティ・人脈もなかったし，タイミングも悪かったですね。やってみて，いろいろ悪いことがあったなということがわかりました。これをクリアしないとうまくいかないということが逆に明確になったので，これをつくるにはどうすればいいかということに数年間取り組みました。

　リベンジしにもう一度来ました。今度は，最初は起業しませんでした。何故かというと，先ほどの4つの不足している能力を補うために一旦就職しま

した。たまたまあった地元のベンチャーに入っています。大企業には入りたくありませんでした。入ったら意味がありません。ベンチャーに入ったところがポイントでした。足りなかったもののうち，能力については，頑張る場所を提供されたという事が大きかったです。もともと業界が常に進化しているので，周りの人から学ぶことはあまりなく，自分で頑張るしかありません。お金については，この会社に入ったことでは解消しませんでした。ただ，お金は最後だなと思っていました。

　最も重要だったのは，おそらくコミュニティです。最初にチャレンジした時には，知っている人の数が少な過ぎて誰も助けてくれる状況ではありませんでした。相談する相手も，協力してもらう相手も，一緒に仕事をするパートナーも誰もいませんでした。それをその会社に入ることによって広げることができました。とても小さい会社で，社長は普段東京にいて不在のため，人事も採用も開発も営業も経理も総務も，全部自分でやっていました。その結果，朝9時に行ってから帰るのが夜中の3時ぐらい，そのぐらいでやっていました。それは別に何とも思わないです。楽しいんですね。また今日これ覚えちゃったという話でしかありません。体力が続いたのは，20代から30代の前半ぐらいまでです。今では10時になったらもう眠いです。でも，それをある程度若いうちにやっておいたのがよかったと思っています。

　会社をつくって大変ですねとよく言われるけれども，実は全然大変ではなくて，この会社で5年ぐらいそうしたことをやっていたので，会社は実際，8年目と言いましたけれども，そのバックラウンドに5年ぐらい，ノーリスクでの企業経営経験がありました。つまり，僕はもう13年目の会社の社長ぐらいの状態です。それはここに飛び込んだからです。ちなみに，給料は手取りで約10万円しかなかったです。東京にいたときは約40万円ありました。4分の1ぐらいまで一回下がっています。ただ，私は売り上げを上げないといけないので，上げました。年間数千万円ぐらいは一人で上げています。なので，このぐらいくださいと言っていました。給与規定などないので，このぐらい稼いでいるのでこのぐらいくださいと言いました。それには一応応じてもらえるので，すぐに給料は上がっていきました。というか，上げました。

上がらないとやっていられないですね。誰かが上げてくれるのではなくて，自分で上げるしかありません。そういう考え方です。

　そして，タイミングについては，今，世の中は地方創生，地方を何とかしようという風があって，Uターンしようとする人たちにも手厚い支援がある時代です。私がUターンしたころは，東京で通用しなかったやつが戻ってきたという感じでしたが，今は，ようこそ田舎に帰ってきてくれましたと迎えられます。私は落ち武者みたいな感じ，今帰ってくる人は凱旋ムードな感じです。そういう時代背景なども関係してきます。

　2回目に戻ってきたときは2002年で，携帯がまだ2つ折りで，液晶がカラーになったころです。インターネットにつながったのは1999年，iモードというドコモのサービスが始まった頃ですから，そこから3年ぐらいのときです。モバイルの文字とかそれぞれのキャリアごと，ドコモとかauとか，そういうサービスをつくったりする会社にいました。そこで多くの経営ノウハウを学ぶことができたのが一番の財産でした。

　それに気づきを与えてくれたのは，一回失敗したからです。何で失敗したのだろうということは絶対考えたほうがいいです。よくない思考としては，誰かのせいにすることです。あいつが何かしてくれなかったからうまくいかなかった，という感じではなくて，そんなものは全部自分の責任です。そういうことを考えてほしいと思います。

　そこの会社である程度やって，準備完了して，さあ，どういう仕立てでいこうかなと。起業するための要素はいろいろあります。ただ，私は，ITは絶対使うというのは決めていたので，その中からどういうことをしようかなと考えました。ニーズがないことをやるのは不利だとわかっているので，ある程度，将来的に優位性があるところのゾーンで戦いたいと思っています。そうすると，スマートデバイスの仕事も可能性があるよなということを考えながら創業しています。

　ただ，青森でやるにあたって最先端を持ってきても，お客さんが最先端ではありません。そこで，実は，少しレベルを下げた提案をしています。そうしないと，なかなかくみ取ってもらえません。これは地方ではよくあること

です。今，ビッグデータやAIの話をこの地域に持ち込んでも，東京でもできていないのに，このあたりに持ち込んでも，多分，話に乗ってきてくれる人すらいないという状態です。ならば，一歩譲って，一歩下げた，数年前に主力だったものをこの地域にまずは持ち込んできてあげようということで，そういうことを教えながらやりますよという会社をつくっています。

　僕は起業するのに手持ちの100万円しか使っていません。わらしべ長者みたいにだんだん増やしてきて，今，建物も1戸買っています。そのぐらいはすぐなれます。3〜4年でなっています。最先端のビジネスじゃないんだとがっかりする人もいるかもしれないですけれども，100万円をどう増やしていろいろなことができる状態をつくるかと考えたときに，この方法が当時最善だなと思ってやりました。

　地域課題をITで解決するということを，少しレベルを落として，このあたりの人たちにわかりやすいようにきちんと伝えて，二人三脚で一緒にやってあげるということをビジネスモデルにしてみようということでやって，ある程度うまくいったので，8年間やれているのではないかと思っています。

ベンチャー企業を立ち上げるために重要なこと

　振り返って大事だったことをお話しましたが，これは結構重要だと思います。もしベンチャー企業を立ち上げたいと思っている人がいるのであれば，未来思考はマストです。過去のことを軽視するわけではないですが，こういう過去があるから，この先こうなっていくという予想を頑張ったほうがいいです。予想するためには，過去の情報もたくさん知っていなければならないということですが，スマートフォンのサイズが20年後にどのサイズになっているのだろうということを考える力があるといいと思います。老眼の人はどうするのだとか，だから中途半端なサイズのスマートフォンが出てきます。みんなはこんなに大きくなくていいのに思っているけれども，おじいちゃんはみんなそれがいいわけです。そういうことを考えていく必要があると思います。

　あと，経験。これは重要です。皆さんが早めにやっておいたほうがいいのはこれです。私もそうでしたが，学生時代に学生としかつき合わないと，大

第5章　地域で始めるITビジネス　*125*

体みんな同じような環境で，同じように育ってきています。世代が違う人と話したりすると，全然価値観が違います。でも，社会に出たらそういう人と付き合わないといけません。ですから，大人と付き合う経験をもっと増やしたほうがいいと思っています。もちろん，学びから来る経験もたくさんありますけれども，人ともっと話すということを早めにやっておいたほうがいいと思います。

あと，コミュニティです。これはサークルとかそういう意味合いではなく，同じ志を持っているような人たちとか，いろいろなセグメントがあると思います。例えば私は，ITだったらITの付き合いもたくさんあります。先ほどのNPOも青森県のITのNPOをやっているので，ITの人たちをすごくたくさん知っています。でも，もう一方では，農家の人たちとの付き合いもすごくあります。農業者コミュニティもあります。こういうコミュニティがあれば，いろいろな人がいろいろな面で助けてくれたりします。ですので，こういう仲間をたくさんつくっていくことはすごく大事だと思います。東京はその辺が気薄ですが，地方だと，人数がそもそも少ないので，より濃いつき合いができる。地方だけの特性ではあるのかもしれないですけれども，コミュニティはとても重要ではないかと思います。

あとはタイミングです。いつなのかという話があります。私も青森でインターネットで何かをするのが早過ぎました。早過ぎるということが全然わかっていなくて，今すぐやろうと思っていましたけれども，タイミングはありますね。

今，こういう時代です。日本という国は地方創生，企業に勤めるよりはソーシャルな生き方をする時代だということで，青森は人もいなくなってしまうよねと。食とか観光とか情報とかIoT，医療，ヘルスケア，エネルギーというのは，これからビジネスになりやすいところ，シェアリングなどもこれから流行ってくると思いますけれども，シェアリングを進めるのは，おそらく情報，IoT系のところだろうと予想しています。

今，時代的には勤め人，サラリーマンを増やすよりは起業家を増やそうという時代です。逆に言うと，乗っかりやすいタイミングです。日本の高度経

済成長期は，サラリーマンを増やそうと思っていた時代でした。戦後はどうだったかというと，起業家を増やしたかったという時代です。そういうのは順繰り，めぐりめぐっているので，皆さんが社会に出るあたりは，どちらかというとこういう起業家が必要とされている時代ではないかと思います。ただ，20年ぐらいたったらどうかはわからないです。今はそういう時代かもしれないです。

5. IT ビジネスとベンチャー企業の関係

これからの日本の社会

　ベンチャー企業はいろいろあるのかもしれないですけど，僕は，IT は今後のベンチャーに確実に関わってくると思います。でも，IT というのは特殊職ではないです。大学でも本当は必修の授業に IT が入っていないといけないのではないかと個人的には思っています。それを知らないだけで，結構社会で後に学ばないといけないことが残ってしまっています。

　調べてみたのですが，世界大戦ごろに頭脳労働者として事務職が増加した頃にサラリーマンという働き方が生まれたらしいです。その前はそんな働き方はなかったそうです。だから，そんなに歴史はありません。起業家は昔からありました。ただ，生まれやすい時期というのがあったそうです。それは戦争の後とか経済成長の後とか，あと，インターネット普及期も起業家が増えやすい傾向がありました。時代が変化するときに生まれると言われています。今，多分，結構変化しつつあると思います。日本という国が初めて人口が減っていく時代に直面したので，これからの時代は大分変わっていくはずです。そこに実はビジネスのチャンスもあるというふうに見出せるかどうかではないかと思います。

　今また IT 分野を中心に起業支援とか環境整備もすごく進んでいます。あと 8 年ぐらいすると，団塊世代といって戦後生まれの人たち，日本の人口で一番ボリュームゾーンがあるところの人が日本人の平均寿命に達します。そのときに何が起きるか考えてみてほしいです。どんどん具合が悪くなります

第5章　地域で始めるITビジネス　*127*

よね。誰が面倒を見るのかという話は絶対出てくると思います。つまり，能力はあるけれども，その場で働けない人がこれからたくさん増えてきます。1日8時間労働できない人とか，東京では働けない，青森に帰らないといけない人などがどんどん出てくるという話です。今から10年以内です。ですから，そういうこともももう考えていないといけないだろうと思います。

　多分今後，労働力がすごく不足していきます。まず，ワークスタイルが変化するしかありません。「イクメン」という言葉，育児をするメンズの話や，あまり聞いたことがないかもしれませんけれども，「テレワーク」とか「リモートワーク」とか「在宅ワーク」といったこと。人間の数自体が足りないことがわかっているので，空き時間を何とか労働力に変えていかないといけない。そうすると，週休2日，1日8時間労働制度が阻害しているのだということに気がつくはずです。そこで，大手の企業では，例えば，マイクロソフト社などは出勤しなくてよくなっています。そのかわり，どこでもパソコンでログインして，オンラインミーティングがすぐできるような状態になっています。1週間に1回しか会社に来ないとか，そういう人はたくさんいます。そういうワークスタイルの変化がこれから起きます。

　一番の敵は多分これになると思いますが，人工知能やAIなどです。皆さんの単純な労働は全部これに奪われてしまいます。自分が子どものときは，スーパーに行ったら，レジに担当の人がいて，レジに物を持っていくと，まだピッというバーコードがないので，1個幾らかを電卓みたいなもので手打ちしていました。お金を受け取るほかに，レジの人は全部袋に入れて渡してくれていました。ところが，あるときから，袋はレジのかごの中に入れられて，自分で詰めてくれと言われました。自分で詰める分，レジの人たちは何人か要らなくなりました。ところが，今，また変わってきましたね。レジの人自体がいなくなってきて，セルフレジに変わり始めてきた。レジの人の仕事はどこに行ってしまうのと思わないといけないですね。こういう単純労働の仕事はこれからどんどん減っていってしまうということです。

これからの社会で働くということ

　ITとビジネスの関係もありますけれども，ビジネスは価値観のギャップでし
かありません。例えば，コショウは南国に行ったらたくさんあります。南国に
はコショウが生えていたけれども，ヨーロッパにはありませんでした。それを，
リスクを侵して船に乗って，これは南国でとれるコショウというすごく希少な
ものであると，イギリス貴族にすごく高い値段で売ってもうかった人たちがた
くさんいました。それが南に行ったらたくさん，自生していることはイギリス
の人たちは知らないわけです。知らなかった時代なので，そこに価値の差が生
まれていて，コショウを販売した人はもうかっていました。ところが，今，イ
ンターネットがあるので，世界で何がどこにあるという情報はみんな探せて
しまうので，コショウはあの辺に行ったらたくさんあるから，そんなにお金
を払うものではないということがもうばれてしまっています。ということは，
ビジネス自体，限りなくその差が生み出しにくくなってきているということ
です。ですから，よりいろいろなことを考えないと仕事にならないし，時代
に合わせてどんどん変化しないといけなくなってきています。そうしたこと
から，企業の寿命も短くなってきています。どんどん変わらないといけませ
ん。ずっとやっているビジネスは続きません。

　将来なくなる仕事があると言われています。ウエイター・ウエイトレスは
93％なくなると言われています。調理師もなくなる。調理師はなくなるけれ
ども，シェフは減少10％なのでほぼ残ると言われています。この違いはわ
からないといけません。マニュアルができている単純な調理という作業につ
いては，全部ロボがやります。例えば，クルクル回ってチャーハンをつくれ
る機械があるので，フライパンを振る必要はないということです。けれども，
チャーハンのメニューを考えるのはAIには無理なので，そのシェフは必要
だと言っています。経理の作業は要らないけれども，その経理の数値の結果
を判断する部長は必要だと言っています。作業はロボットがします。しかし，
ジャッジや判断は，当面は人間がしますと言っているのです。そういう職業
についていくことを想定していないと，逆に言うと残れないという話なので，
よくよく将来を考えてみてほしいと思っています。

私も最近，会社に置こうかなと思っていますが，どのくらいロボットが掃除できるようになったのかなと思っています。1984年，皆さんが生まれていないとき，私は小学生でした。そのときに「こんにちはマイコン」という，私をパソコンに導く1冊の本に出会いました。その本の中でマイコン掃除機というのが紹介されていて，将来，掃除は自動でするようになるんですということが書かれていて，うわ，すごいと思いました。でも，今，現実にそれがあります。当時は夢物語みたいなものでしたけれども，やはりちょっとずつできていっています。今から20～30年後に，今，そんなことあるわけないだろうと思っていることの何％かは実現している可能性があるので，それが一体何なのかは考える必要があると思います。

あと，今，まだ試験段階ですけれども，空港で荷物を預けるのも自動化されているところがあります。そうしたら，そこで受付をしていた人も要らなくなります。小銭を持つということもなくなるのではないでしょうか。ほとんど電子マネー決済になっていくので，小銭入れがなくなってしまうのではないかと思っています。これは絶対起きていくので，自分たちはそういう時代に生きるのだというふうに考えてほしいと思います。

6. おわりに

未来に必要な能力は何か。今日，話を聞いていて何かわからないことがあったら，調べてほしいです。調べたら，その答えが，皆さんが調べるということでクリアできます。記憶していなくても，調べ方さえ知っていれば，インターネット上の情報を全部自分の脳みそに置き換えることができるということです。昔はなかったので，みんな記憶していただけです。ロボットと同じ土俵に立つことはなくなりますし，皆さんが受けてきたのかもしれないセンター試験的なことも，きっと意味がなくなってしまいますね。ですから，近い将来，変わるはずです。

つまり，未来に必要なのは，ロボットができないものです。クリエイティブ，0から1をつくる仕事の部分はロボットは苦手です。新しいビジネスの

アイデアを生み出すのも難しい。もしそれができるようになったら，多分，SF映画的なことになります。人間が飼われている状態までなってしまうはずなので，それは大分遠いはずです。

　そして，リーダーシップ，これは絶対要ります。サラリーマンでも要ります。リーダーシップは全てにおいて必要です。何かこういうことをやりますよということを決めて，みんなを巻き込んでやっていくということです。これは絶対必要です。ロボットができない部分です。

　あと，実は起業家もそうです。ロボットは起業しません。言われたことはきちんとやりますけれども。サラリーマンの中の多くの仕事は奪われますけれども，起業家という職業をロボットが取ってかわったりはしません。ただ，起業家という世界は，人間間の競争とか企業間競争がやはり激しいものだと思っています。起業家は今，起業して生きていく人間だけのことを指しているのではなく，起業するような考え方，マインドは，リーダーシップと同じようにサラリーマンにも必要です。これを大事にしてほしいと思います。

　起業家マインドというのは，大体こんな感じです。まず結果にこだわること。だめだった理由などは大事ですけれども，基本，だめだったらだめなので，最後まで結果にこだわる。最後までやり切る。途中でやめたりしない。意志を持って仕事をする。このあたりです。

　起業で成功していた人たちが言っていたことです。人に言われるというより自分で考えるということが大事。そして，スタートアップは早いほうがいいということ。起業に必要な能力は起業でしか培われないということです。私が先ほど，どこかの会社に入って，ほぼほぼ起業と同じ状態でやらせてもらっていたのは，多分，これと同じことなのだろうと後で振り返ってわかっています。これは多分，間違いなくそうだろうなと思っています。

（2016年12月12日　弘前大学総合教育棟401号室）

【考えてみましょう】

(1) 20年後，30年後といった，これからの社会の中でITビジネスがどのような役割を担っていくのかについて考えましょう。

第5章　地域で始めるITビジネス　*131*

(2) 地域で起業することの意味は何か，東京で起業する場合と比較して考えましょう。

(3) ベンチャー企業を起業するために求められる知識や経験とは何か，考えましょう。

第 1 部　執筆者

森　樹男（弘前大学人文社会科学部 教授，第 1 章）

髙島 克史（弘前大学人文社会科学部 准教授，第 2 章）

大倉 邦夫（弘前大学人文社会科学部 准教授，第 3 章）

熊田　憲（弘前大学人文社会科学部 准教授，第 4 章）

青森からはばたく!!
じょっぱり起業家群像 I

2019年10月31日　初版第 1 刷発行

編　著　森 樹男・髙島 克史・大倉 邦夫・熊田 憲

発行所　弘前大学出版会　**HUP**
〒036-8560　青森県弘前市文京町 1
Tel. 0172-39-3168　Fax. 0172-39-3171

印刷・製本　小野印刷所

ISBN 978-4-907192-80-8